OLJE SELECTIONS
03

조선경국전

사단법인 olje

올재의 꿈

올재는 지혜 나눔을 위해 2011년 9월 설립된 비영리 사단법인입니다. 예술과 문화 속에 담긴 지식과 교양을 널리 소개하고 향유함으로써, 격변하는 세상의 지향점을 찾고, 올바르고 창의적인 교육의 기틀을 마련하는 것이 올재의 꿈입니다. 특히 올재는 인문고전이나 문화예술을 접할 기회가 많지 않은 소외계층과 저소득층 청소년들을 위해 다양한 지혜 나눔의 계기와 기회를 마련하고자 합니다.
올재의 첫 번째 지혜 나눔은 인문고전입 〈올재 클래식스〉*와 〈올재 셀렉션즈〉입니다.
올재는 향후에도 다양한 지혜 나눔을 통해 여러분을 찾아 뵙겠습니다.

*〈올재 클래식스〉는 최고 수준의 고전 번역본을 부담 없는 가격에 보급합니다. 각 종당 5천 권을 발행하며 4천 권은 교보문고에서 6개월 간 한정 판매합니다. 미 판매된 도서와 발행 부수의 20%는 복지시설, 교도소, 저소득층 등에 기증합니다. 출간한 번역본은 일정 기간 후 올재 인터넷 홈페이지(www.olje.or.kr)에 무료 게시합니다.

Share the wisdom. Change the world.

사단법인 olje

올재의 새로운 지혜나눔, 〈올재 셀렉션즈〉

〈올재 셀렉션즈〉는 판매 수익금이 전액 지혜 나눔에 쓰이는 시리즈로 〈올재 클래식스〉로 한정 발행된 도서 가운데 독자들의 재발간 요청이 뜨거운 책들을 선별해 다시 편집하고 손질하여 펴내는 책들입니다. 지혜 나눔을 위해 각종 후원을 받아 2,900원이란 낮은 가격으로 판매되는 〈올재 클래식스〉 시리즈 보다는 다소 높은 가격에 판매하는 대신 판매로 얻어지는 수익이 모두 공익을 위해 다시 쓰입니다. 〈올재 셀렉션즈〉를 통해 주옥 같은 고전도 읽으면서 지혜 나눔에도 동참하시기 바랍니다.

정기 후원과 일반 후원으로 올재의 지혜 나눔에 참여하세요.
올재의 벗들이 심은 작은 홀씨가 전국 곳곳에 인문고전의 꽃으로 피어납니다.

올재 후원함 | 예금주 사단법인 올재

국민은행 023501-04-184681 농협 301-0100-8607-71
신한은행 100-027-966986 우리은행 1005-401-996902
하나은행 162-910013-46904

후원 문의처 | 올재 사무국

ⓣ 02)720-8278 ⓗ www.olje.or.kr ⓔ oljeclassics@olje.or.kr
@oljeclassics www.facebook.com/oljeclassics

지혜 나눔을 함께 한 벗들

KYOBO 교보문고

Calligraphy Sooltong

정도전은 어떤 인물인가

한영우 (韓永愚)
서울대학교 명예교수
이화여대 이화학술원 석좌교수

난세에 영웅이 난다는 말이 있다. 흔히 선비라면 조용한 학자를 떠올리지만 삼봉 정도전(三峰 鄭道傳)은 최고학부인 성균관 강사(박사) 출신의 학자이면서도 유약한 선비가 아니었다. 한 손에는 붓을 들고, 다른 한 손에는 칼을 쥐었다고 스스로 자처하는 영웅호걸형의 선비였다. 그래서 그의 붓은 문명개혁의 고전(古典)을 만들어 냈고, 그의 칼은 썩은 왕조를 도려냈다. 난세가 그를 그렇게 만든 것이다.

조선왕조의 설계자 정도전의 일생을 보면 그야말로 파란만장이라는 말이 잘 어울린다. 그리고 그가 남긴 글을 보면 이것이 한 사람의 업적인가를 의심케 한다.

그가 벼슬길에 들어선 것은 반원친명(反元親明)정책을 추진하던 개혁군주 공민왕(恭愍王) 때부터였다. 21세에 과거에 급제하여 성균관에 들어가 학관(學官)이 되어 이색, 정몽주, 이숭인 등 당시 일류 성리학자들과 교유하면서 학문을 깊이 쌓은 것이 그를 성리학자로 만드는 계기가 되었다. 그런데 공민왕이 죽고 우왕(禑王)이 들어서면서 개혁은 물거품이 되고 보수적 친원세력이 권력을 잡고 백성을 가혹하게 수탈하는 정치가 만연하고, 밖으로는 이미 무너져가는 원나라와 손을 잡고 신흥하는 명나라와 반목하는 시대 역행적 외교가 펼쳐졌다. 이렇게 안팎으로 나라가 어지러워지자 그 틈을 이용하여 왜구(倭寇)들이 치고 들어와 백성들의 삶을 더욱 고통스럽게 만들었다.

이제 누군가 구세주가 나타나 나라를 바로잡지 않으면 안되는 난세의 소용돌이 속에서 30대의 정도전은 분연히 칼과 붓을 들고 일어났다. 그러나 자신의 여린 칼과 붓만으로는 힘이 벅찬 일이었다. 그래서 34세에 그는 친원파 권신 이인임(李仁任)의 미움을 사서 전라도 나주(羅州)의 거평부곡으로 유배를 당했다. 고려와 손잡고 명나라를 치겠다는 북원의 사신(使臣)을 영접하라는 명을 거부하고, 사신의 목을 베겠다고 말한 것이 화근이 된 것이다.

3년간의 유배생활을 마치고 풀려났으나 벼슬길은 이미 막혀버려서 6년간 이곳저곳을 떠돌아다니면서 후학들을 가르치면서 겨우 생계를 유지했는데, 가는 곳마다 권신들이 내쫓아 부평, 삼각산, 김포 등지를 전전하는 신세가 되었다. 이렇게 고난의 연속 속에서 그는 민초들의 삶이 얼마나 힘든가를 몸소 농촌현장에서 뼈저리게 느끼면서 혁명과 개혁의 꿈을 다듬어 갔다.

자신의 연약한 칼과 붓만으로 시대와 맞서는 것은 어렵다고 판단한 정도전은 혁명의 동지를 구하는 길에 나섰다. 42세 되던 우왕 9년(1383)에 함흥(咸興)으로 찾아가 그 지방의 군사지휘관으로 있던 이성계(李成桂)를 만난 것은 혁명의 첫 걸음이었다. 여기서 두 사람은 뜻을 같이하고 동지를 더 규합하여 혁명세력을 결집시켜 나갔다.

당시 이성계는 왜구 토벌의 영웅으로 국민의 신망과 존경을 받고 있었으며, 정치력도 커서 그의 도움으로 다시 벼슬길에 들어섰다. 그런데 구세력을 몰아낼 수 있는 결정적인 기회가 찾아왔다. 우왕 14년(1388)에 일어난 위화도회군이었다. 당시 요동지방은 원나라가 쇠퇴하여 다스릴 힘이 없었고, 명나라가 이곳을 점령하려고 시도했는데, 고려로서는 이 기회에 고구려의 옛 땅인 요동을 다시 되찾을 수 있는 좋은 기회로 생각하여 이성계로 하여금 군대를 끌고 가서 점령하도록 출병시켰다. 그런데 요동 출병에는 또 다른 목적이 숨어 있었다. 당시 막강한 권력을 쥐고 있던 보수파의 지도자인 최영(崔瑩)은 이 기회에 혁명운동을 추진하는 이성계를 요동으로 내보내 후환을 없앤다는 정략을 갖고 있었다. 이를 알아차린 이성계는 정도전 등 참모들과 상의하여 압록강 중앙에 있는 위화도에서 말머리를 돌려 개경으로 돌아오게 된 것이다. 물론, 표면적인 구실은 여름철에 싸우기 힘들고, 군량미도 부족하고, 왜구가 그 틈을 이용하여 들어올지도 모른다는 등 네 가지 이유를 들었다.

개경으로 돌아온 이성계 일파는 보수파의 군사력을 쥐고 있던 최영을 먼저 제거하고, 우왕을 폐위하고 어린 창왕(昌王)을 임금으로 세운 다음 개혁운동에 직접 나섰다. 그런데 창왕이 신돈(辛旽)의 아들이라고 의심하는 사람들이 많아 곧 창왕을 폐위하고 다시 우유부단한 성격의 공양왕(恭讓王)으로 바꾸었다.

개혁운동의 핵심은 토지제도의 개혁이었다. 당시 권신들이 서로 농민들의 토지를 빼앗아 큰 농장을 경영하면서 가혹하게 세금을 매기고 있었기 때문에 이를 개혁하지 않고는 민생을 살릴 수 없다고 판단한 것이다. 그래서 토지장부를 모두 불태워 버리고, 권신들이 불법으로 빼앗은 땅을 경작하는 농민들에게 나누어 주었으며, 세금도 10분의 1을 넘지 못하게 줄이고, 녹봉을 받지 못한 벼슬아치들에게도 과전(科田)이라는 이름으로 나누어 주어 전세(田稅)를 받도록 했다. 벼슬아치들에게 땅의 소유권을 준 것은 아니었다.

전제개혁은 농민과 벼슬아치들의 생활을 안정시키고, 국가의 재정수입도 좋게 만들었다. 이제 남은 문제는 정치제도와 군사제도를 바꾸어 정치를 합리적으로 운영하고 국방을 키우는 일이었다. 그러기 위해서는 이제 더 이상 고려라는 왕조의 테두리에서는 어렵다고 판단하여 새 왕조를 세우기로 결심한 것이다.

그런데 새 왕조를 세우는 문제는 보수파의 권신들만 반대하는 것이 아니라 중도적인 성향의 온건개혁파들도 반대하고 나섰다. 여기서 이색(李穡), 정몽주(鄭夢周) 등 중도적인 성향의 성리학자들과 정도전 일파가 갈등을 일으키고 마침내 정몽주의 목숨을 거두는 일까지 생겨난 것이다.

조선왕조 개국에 앞장선 혁명세력은 신분상으로나 경제상으로 중도성향의 성리학자들보다 더 열악한 상황에 있던 무리들이었다. 신분상의 문제는 외가(外家)나 처가(妻家) 쪽에 서출(庶出)의 피가 섞인 경우가 많았고, 경제상으로도 지주적 기반이 약한 무리들이었으며, 변방의 하층 무사들도 끼어 있었다. 정도전만 보더라도, 아버지 쪽은 경상도 봉화(奉化) 지역의 호장(戶長 향리 우두머리) 출신으로 문과에 급제하여 형부상서(刑部尙書 지금의 법무장관)에까지 올라 선정을 베풀었던 정운경(鄭云敬)이었지만, 외가와 처가 쪽에 흠이 있다고 시달림을 크게 당한 인물이었다.

이성계의 경우도 마찬가지였다. 무공이 뛰어나 왜구토벌에 영웅적인 전과를 올리고 인기가 높아 시중(侍中 지금의 국무총리)에까지 올랐지만, 변방지역인 함흥에 살면서 원나라 간섭기에 벼슬도 하고, 여진족과 깊은 친족관계를 맺고 있던 집안이었다. 개경에 와서 벼슬을 하기 시작한 것은 아버지 이자춘(李子春)이 처음이었다. 그러니 개경에 뿌리를 내리고 살던 귀족들의 눈으로 볼 때에는 하찮게 보였을 것이다. 집안이 좋은 최영과 노선을 달리하게 된 이유도 여기에 있을 것이다.

조선왕조가 열리고 나서 정도전은 개국 1등 공신으로 막강한 권력을 쥐고 미진한 개혁을 완수하는 일에 나섰다. 정치제도와 군사제도를 바꾸는 일이 바로 그것이었다. 정치는 무엇보다 백성을 근본에 두고 백성을 위한 정치를 펴야 한다는 이른바 민본정치(民本政治)의 큰 원칙을 세우고, 여기에 맞추어 인사제도를 합리적으로 바꾸어 능력에 따른 인사를 위해 시험제도를 강화하고, 권력을 분산하여 견제와 균형을 통해 관료제도를 운영하고, 재상(宰相)의 권력을 높여서 무능한 임금이 왕위를 세습하더라도 좋은 정치가 계속될 수 있도록 만들고자 했다. 또 정책결정 과

정에 신하들과 백성의 언로(言路)를 크게 열어 여론을 반영하고, 부정과 비리를 감시하도록 만들고자 했으며, 권신들이 사적으로 거느리고 있던 사병(私兵)을 혁파하여 국가의 공병(公兵)으로 만들고자 했다.

여기서 그 다음 단계로 바꿔야 할 것은 사상의 개혁이었다. 고려시대는 사찰과 승려가 부패하여 많은 재산을 차지하고 노비를 거느리면서 마치 재벌처럼 행세하고 있었으므로 이를 개혁하여 사찰의 땅을 백성들에게 돌려주고, 노비를 몰수하여 관청노비로 만들거나 해방시켜 주어야 한다고 믿었다. 또 불교의 승려들이 국사(國師)나 왕사(王師)의 자격을 가지고 정치에 개입하는 것도 정치를 해친다고 보았다. 그래서 불교의 폐단을 고치기 위해서는 불교가 정치를 운영하는 정치사상이 될 수 없음을 명맥하게 밝혀내고, 그 대안으로 합리적 정치사상을 담은 성리학(性理學)을 국교(國教)로 삼아야 한다고 생각했다.

정치, 경제, 군사, 철학, 종교 등 모든 문제를 바꾸어 새로운 시대를 열려면 체계적인 통치규범이 담긴 헌법(憲法)이 있어야 하고, 불교의 사상적 한계를 심층적으로 비판하는 이론서가 필요하다고 믿었다. 이런 시각에서 정도전은 정치, 경제, 군사 등의 개혁안을 담은 헌법적 이론서로서 《조선경국전(朝鮮經國典)》, 《경제문감(經濟文鑑)》 등을 저술하고, 불교비판서로서 《불씨잡변(佛氏雜辨)》이라는 명저를 만들었다.

정도전의 저술은 이밖에도 많다. 유배시절에 남긴 시문(詩文)에는 개혁을 열망하는 그의 애민사상과 애국심이 감성적인 문체로 절절하게 표현되어 눈시울을 뜨겁게 만들기도 한다. 그가 유배시절에 자신을 원망하는 아내에게 보낸 편지에는 아내가 가난을 이기지 못하여 남편을 원망하고 사랑하는 마음도 이해하지만, 자신이 국가와 백성을 사랑하는 마음도 이해해달라는 글귀가 보여 마음을 찡하게 만든다. 또 유배시절에 가난하지만 순박하게 살아가는 전라도 농민들과 대화를 나누면서 시국을 걱정하는 글도 적지 않다. 정도전은 호걸스런 선비이지만 다른 한편으로는 매우 감성적인 문필가의 면모도 보이고 있어 문학사에서도 주목되는 인물이다.
정도전의 업적 가운데 빼놓을 수 없는 것 가운데 하나는 수도 한양(漢陽)을 설계하고 한양문화를 건설한 인물이라는 점이다. 궁궐(宮闕), 종묘(宗廟), 사직(社稷), 도성(都城)의 위치를 정하고, 궁궐과 도성문(都城門)의 이름, 한양의 오부(五部) 52방(坊)의 이름을 지은 것도 정도전이다. 우리가 오늘날 일상적으로 만나는 경복궁, 숭례문, 그리고 수많은 동명(洞名) 등이 대부분 정도전의 작품이라는 것을 생각하면, 그가 오늘날에도 한국인의 가슴 속에 살아서 숨쉬고 있다는 것을 새삼 느끼지 않을 수 없다. 정도전은 한양이 건설된 뒤에 한양의 웅장함과 아름다움을 노래로 만들었는데, 그것이 바로 《신도팔경시(新都八景詩)》다.

정도전은 뛰어난 사상가이자, 정치가로서 정치개혁, 경제개혁, 군사개혁, 사상혁명을 완수하고 고려시대보다 한층 민주화되고 합리화된 조선왕조를 세우는 엄청난 역사적 과업을 이룩한 인물이지만 그의 말로는 비참했다. 권력의 2인자로서의 위치가 피할 수 없는 정적(政敵)을 만들고, 그 정적의 칼을 맞고 57세를 일기로 세상을 떠났다. 그에게는 왕실의 반역자라는 죄가 씌워졌다.
정도전의 목숨을 앗아간 직접적인 사건은 세자책봉(世子册封)과 사병혁파(私兵革罷)였다. 이성계는 본처인 한씨(韓氏)로부터 다섯 왕자(王子)를 두었고, 후처인 강씨(康氏)로부터 두 왕자를 얻었다. 그런데 이성계는 후처 소생의 두 왕자 가운데

두 번째 아들인 방석(芳碩)을 사랑하여 세자로 책봉했고, 정도전에게 스승의 직책을 맡겨 돌보게 했다. 바로 이 사건이 본처 소생의 이방원(李芳遠)을 크게 자극했던 것이다. 이방원은 고려말에 왕자 가운데 유일하게 과거에 급제하고, 이성계의 개국을 직접 도운 인물이기도 했다. 조영규를 시켜 정몽주를 선죽교(善竹橋)에서 살해한 것도 이방원이었다.

이방원을 자극한 사건은 또 있었다. 정도전이 사병혁파를 이루기 위해 왕자들이 거느리고 있던 사병(私兵)들을 혁파하여 요동정벌에 필요한 공병(公兵)으로 훈련시키자 이방원은 자신의 권력기반인 사병을 잃을 처지에 놓이게 되었다. 그래서 태조 8년에 이방원은 사병을 거느리고 지금의 종로구 한국일보사 부근의 송현(松峴)에 있던 남은(南誾)의 집에서 밤에 술을 마시고 있던 정도전을 급습하여 목숨을 거두었다. 그날 정도전이 한씨 소생의 왕자들을 경복궁으로 불러 차례로 죽이려는 음모를 꾸미고 있었다는 것이 이유였다. 그 이유가 진실인가는 하늘만이 알 것이다. 중요한 것은 두 사람의 관계는 피할 수 없는 정적관계였다는 것이다.

하지만 왕위에 오른 이방원은 기본적으로 정도전이 만들어 놓은 헌법의 궤도를 따라 개혁을 추진했다. 다만 다른 것이 있다면 재상권 중심의 권력구조를 왕권중심 권력구조로 바꾼 것뿐이다. 그리고 그 궤도는 뒤에 성종 대에 이르러 《경국대전(經國大典)》의 모태가 되어 조선왕조의 만세법전이 되었다는 것이다. 이렇게 보면 정도전은 비록 역적의 누명을 쓰고 세상을 떠났지만 그의 정신은 조선왕조 500년을 관철하는 통치철학이 되었던 것이다.

정도전의 명예를 회복시켜준 임금이 두 분 있었다. 하나는 조선후기 왕조의 중흥을 가져온 정조(正祖) 임금이고, 그 다음은 조선왕조를 근대화로 이끈 고종(高宗)

임금이었다. 정조는 정도전의 문집《삼봉집(三峰集)》을 오늘날의 형태로 가다듬어 규장각(奎章閣)에서 출판했으며, 고종은 경복궁(景福宮)을 복원하면서 정도전의 학문적, 정치적 업적을 기려 문헌(文憲)이라는 시호를 내려주고 〈유종공종(儒宗功宗)〉이라고 쓴 액자를 만들어 평택에 있는 정도전의 사당 문헌사(文憲祠)에 내려주었다. 유학도 으뜸이요 공적도 으뜸이라는 내용을 담은 것이다.

그러면 정도전이 새 왕조의 헌법적 정치서로 저술한《조선경국전》은 어떤 책인가? 태조 3년(1395)에 편찬하여 임금에 바친 이 책의 체재는 원나라에서 만든《경세육전(經世六典)》의 육전체제(六典體制)를 참고하기도 했지만, 그보다는 중국의 이상시대로 알려진 주(周)나라의 법전인《주례(周禮)》의 정신을 받아들이고, 여기에 우리나라의 현실에 맞는 여러 제도를 참작하여 절충한 것이다. 그래서《주례》에 담긴 육전(六典) 가운데 치전(治典 이조), 예전(禮典 예조), 정전(政典 병조)은 그대로 받아들이고, 교전(敎典)을 부전(賦典 호조)으로, 형전(刑典)을 헌전(憲典 형조)으로, 사전(事典)을 공전(工典 공조)으로 이름을 바꾸었다.

《조선경국전》은 이렇게 정치영역을 치전, 부전, 예전, 정전, 형전, 공전으로 나누어 그 기능을 밝혀 놓았는데, 맨 앞에는 총론에 해당하는 〈정보위(正寶位)〉, 〈국호(國號)〉, 〈정국본(定國本)〉, 〈세계(世系)〉, 그리고 〈교서(敎書)〉의 다섯 개 항을 실었다.

먼저 〈정보위〉는 왕위를 바르게 유지하는 방법을 제시한 것으로, 인(仁)을 바탕으로 왕위를 지킬 것을 다짐하고 있다. 인이란 무엇인가? 그것은 천지 즉 우주만물을 생명체로 키우고 사랑하는 마음이다. 다시 말해 우주자연의 큰 법칙인 사랑 곧

인(仁)을 바탕으로 백성을 사랑하는 정치를 해야 왕위를 오래 지킬 수 있다는 말이다. 힘에 의지하여 백성을 복종시키거나 백성을 얕잡아 보는 것은 왕위를 지키는 방법이 아니다.

〈국호〉는 조선왕조가 국호를 '조선(朝鮮)'으로 정하게 된 뜻을 설명하고 있다. 여기서 '조선'은 '고조선'을 계승하고자 하는 뜻이 담긴 것인데, 고조선 가운데에 특히 기자조선(箕子朝鮮)의 아름다움을 이어가자는 정신이 담겨 있다. 왜냐하면 기자(箕子)는 주(周)나라 무왕(武王)에게 〈홍범(洪範)〉을 전해주어 주나라를 이상국가로 만들었는데, 그가 조선으로 와서 〈홍범〉의 정신을 가지고 조선을 문명국가로 만들었기 때문이다. 정도전은 이런 정신을 다시 계승하여 조선왕조를 주나라와 같은 이상적인 문명국가로 다시 일으켜 세워야 한다는 꿈을 담고 있는 것이다.

'조선'이라는 국호는 명나라 황제가 아름답다고 평가해서 결정되었다고 하는 말도 덧붙이고 있다. 이 말을 얼핏 들으면 명나라에 아첨한 듯한 느낌도 생기지만 내막을 알고 보면 불가피한 사정이 있었다. 이성계는 고려 때도 요동을 정벌하려는 계획을 세운 일이 있고, 새 왕조에 들어와서도 정도전을 앞세워 두 번째로 요동정벌 계획을 추진하고 있었기 때문에 명나라는 이성계와 정도전 두 사람을 매우 의심하고 있었으며, 심지어 요동정벌운동의 주동자인 정도전을 제거하기 위해 그가 지은 외교문서를 트집잡아 정도전을 체포하여 명나라로 보내라고까지 압력을 넣기도 했다. 그래서 명나라와의 불편한 관계를 호전시키기 위해 일부러 국호를 정할 때 이성계의 고향인 화령(和寧)과 조선(朝鮮)의 두 가지 이름을 들고 가서 명황제의 의견을 물었던 것이다.

'조선'이라는 국호에는 이렇게 고조선의 영광을 계승하여 문명국가로 재도약하겠다는 꿈이 담긴 것인데, 이런 정신은 고려(高麗)라는 국호와 대한제국(大韓帝國)의 국호에도 똑같이 담겨 있다.

'고려'는 고구려의 영광을 계승한다는 정신이 담겨 있고, '대한'은 위대한 삼한(三韓) 즉 삼국(三國)을 재통일한다는 정신이 담겨 있었다. 이렇게 우리나라 고대사의 영광을 계승한다는 정신은 우리나라 역대 왕조가 공통적으로 이어왔다는 사실이 참으로 볼 만하다.

〈정국본(定國本)〉은 국본(國本) 즉 왕세자를 선정하는 원칙을 제시하고 있는데, 그 원칙은 장자(長子)나 현자(賢者)에게 왕위를 계승시켜야 한다는 것과 세자를 잘 교육시켜 덕이 있는 임금으로 만들어야 한다는 것이 강조되고 있다. 이 책을 쓴 당시에 이미 세자는 방석(芳碩)으로 정해져 있었기 때문에 장자 상속은 아니었다. 그렇다면 결과적으로 현자(賢者)에게 왕위가 계승되었다는 뜻이 된다. 사실 이론적으로 볼 때에는 정도전의 말은 틀린 것이 아니다. 원칙적으로 왕위는 장자가 이어가는 것이 좋은 일이지만, 장자가 어질지 못할 경우에는 다른 어진 왕자가 이어갈 수도 있다고 보는 것이 합리적이기 때문이다. 또 그렇게 말해야 태조 이성계의 결정을 정당화할 수도 있었을 것이다.

다음에 〈세계(世系)〉는 이성계의 가문의 역사를 미화한 내용으로 이성계가 대명(大命)을 받은 것은 먼 조상 때부터 덕을 쌓은 결과이며, 그 덕으로 자손도 번창하게 되었음을 설명하면서, 왕자들에게 벼슬을 내려 왕실의 울타리를 삼아야 할 것을 강조하고 있다. 이는 왕자들을 잘 보호해야 한다는 뜻이기도 하다.

끝으로, 〈교서(敎書)〉는 임금의 명령을 담은 글로서, 학문이 높은 신하의 도움을 받아 지어야 할 뿐 아니라, 임금 자신이 학문을 철저히 공부하여 정신을 깨끗하게 가지고 항상 중용(中庸)의 길을 걸어가야 한다는 것을 강조하고 있다. 이 말은 수신(修身), 제가(齊家), 치국(治國), 평천하(平天下)의 방법을 제시한 《대학(大學)》을 필독서로 삼아 공부하라는 말과도 같다. 유교정치의 특징은 임금이 인(仁)과 덕(德)으로 백성을 생명체로 사랑하는 정치를 하기 위해서는 평생토록 경전(經傳)을 공부하여 성인(聖人)의 경지에 도달해야 한다는 것을 강조하는 데 있다. 그래서 조선시대는 요즘 말로 하자면 철인군주(哲人君主)의 시대였다고 말해도 과언이 아니다. 다음에 《조선경국전》의 육전에 대한 글은 통치규범의 각론에 해당한다고 볼 수 있다.

첫째, 〈치전(治典)〉은 이전(吏典)에 해당하는 것으로, 여기서는 임금이 나라의 수반(首班)이지만, 세습하는 임금이 반드시 현명하다고 보장할 수 없기 때문에 정치의 실권을 검증된 신하의 우두머리 즉 재상(宰相)에게 주어야 한다는 것을 강조하고 있다. 그래서 재상이 인사권은 물론이요, 재정권, 군사지휘권 등을 모두 가지고 있어야 한다는 것이다. 임금이 하는 일은 재상을 잘 선택하는 일이고, 재상은 만민(萬民)을 다스리면서 임금을 보필하는 일이다.

〈치전〉에서는 재상을 정점으로 하는 권력구조가 횡적으로는 전문성에 따라 분화되어야 한다는 것과 인재등용방법이 능력주의로 가려면 뇌물이나 혼인 또는 권력자의 연줄로 나아가는 것을 막고 시험제도가 강화되어야 한다는 것이 강조되고 있다. 이어 군사제도는 부병제(府兵制)의 의무병역을 바탕으로 십위제도(十衛制度)를 세워야 한다는 것, 국가재정은 재상이 관할하되 수입을 헤아려 지출을 하는 이른바 양입위출(量入爲出)의 원칙을 지켜서 3년이면 1년간 소비할 예비저축을 가져야 하고, 30년이면 9년간 쓸 수 있는 예비재정을 가져야 흉년이나 전쟁이 일어나더라도 나라가 유지된다는 것을 설명하고 있다.

둘째, 〈부전(賦典)〉은 호전(戶典)에 해당하는 것으로 세금과 재정정책의 원칙을 제시한 것이다. 국가의 수입을 늘리기 위해서는 먼저 군현제도(郡縣制度)와 호적제도(戶籍制度)를 정비하는 것이 중요하며, 수입을 잘 경리(經理)하여 지출하는 것이 중요하다. 세금의 원천은 농상(農桑 농업과 양잠)이 근본이지만, 여기에 소금생산과 광산업, 어업, 산림, 운송, 상업과 수공업에서도 세를 거두어야 하는 것이고, 지출에서는 왕실생활비〔上供〕, 제사, 연회 등 국가행사비〔國用〕, 군사비〔軍資〕, 관리의 녹봉, 빈민구제비〔義倉〕, 빈민의약비〔惠民典藥局〕 등이 해당된다.

정도전이 부전(賦典)에서 특히 강조하는 것은 토지제도의 정비이다. 무엇보다 민생이 안정되려면 모든 국민이 인구수에 비례하여 자기 토지를 가지고 있어야 하며, 부자들의 토지겸병을 막고, 세금제도는 10분의 1세를 지켜야 한다. 그리고 농업이나 상공업 등 모든 산업은 작은 것은 개인이 소유하고 경영하지만, 규모가 큰 것은 국가가 관리하도록 해야 한다는 공개념(公開念)이 강조되고 있다.

국가경비의 지출에서 가장 문제가 되는 것은 왕실생활비인 상공(上供)이다. 상공은 반드시 필요한 것이지만 이를 위해 왕실이 사유재산〔私藏〕을 갖는 것은 나쁘다. 사장은 왕실의 사치를 가져와 국가재정을 파탄에 이끌 염려가 있을 뿐 아니라, 임금 곁에 측근세력〔私人〕이 형성되어 정치를 농단할 위험성이 크기 때문이다. 이를 막기 위해서는 왕실경비를 정부의 재상이 관리하여 필요한 만큼만 지출하고, 고려시대 왕실이 가지고 있던 모든 사유재산을 국고에 돌려야 한다.

정도전은 임금이 사유재산을 가질 수 없는 이유로, 임금은 전국의 모든 토지와 인민을 가지고 있기 때문에 따로 사유재산을 가질 필요가 없다고 말한다. 이 말은 원래 《서경(書經)》에 있는 것인데, 얼핏 들으면 임금이 모든 토지와 인민을 소유한다고 오해될 수 있지만, 사실은 정신적인 소유를 말하는 것이지 실제적인 소유를 의미하는 것은 아니다.

셋째, 〈예전(禮典)〉은 의식(儀式)에 관한 제도를 설명하고 있다. 원래 예(禮)라는 것은 '순서'를 지키는 것을 말한다. 즉 높고 낮은 것을 따지는 상하질서를 말한다. 그 질서가 필요한 곳은 외교, 관직, 제사, 달력, 연향(宴享), 의복, 음악, 학교, 인재등용 등이다. 중국과 우리나라 사이, 임금과 신하 사이에도 높고 낮음을 지켜서 서로 만나는 질서가 있어야 하고, 제사에 모시는 귀신도 높고 낮음이 있어서 차등이 있어야 하고, 연향(宴享)에서도 음식이나 술잔을 올리는 데 차등이 있고, 음악이나 탈거리, 의복 등에도 상하의 차이가 있다. 학교도 성균관, 부학(部學), 향교(鄕校) 등의 차이를 두어 인재를 길러야 하고, 인재등용도 선사(選士), 준사(俊士), 진사(進士) 등의 차이가 있고, 관혼상제(冠婚喪祭)에도 상하와 남녀의 차이를 두어 의식을 집행해야 한다.

다만, 여기서 말하는 상하의 차이는 지배와 복종이라는 예속관계를 말하는 것이 아니라, 평등이 가져올 무질서의 혼란을 막기 위한 의식상의 문제라는 것을 유념할 필요가 있다. 전통시대의 상하관계는 수직적 상하관계를 말하는 것이 아니고, 수평과 수직의 중간에 위치하는 대각선(對角線) 형태의 관계로 보는 것이 온당하다.

넷째, 〈정전(政典)〉은 곧 병전(兵典)에 해당하는 것으로, 군사조직은 사람과 나라를 바르게 하는 것이 목적이라는 뜻에서 정전으로 부른 것임을 밝히고 있다. 그러니까 군대를 도덕적 기준에서 운영해야 한다는 것이 전제가 되고 있으며, 여기서 출발하여 군대를 편제하고, 무기를 만들고, 훈련을 시키고, 군마(軍馬)를 키우고, 둔전(屯田)을 실시하고, 역참제도(驛站制度)를 정비할 것 등을 차례로 설명하고 있다.

먼저, 군사조직은 병농일치(兵農一致)의 의무병역제도에 입각하여 조직되어야 하기 때문에, 평상시에는 농업에 종사하고, 유사시에는 군대로 편제되어 농한기 때 훈련을 받아야 하며, 중앙은 부병(府兵)과 번상병(番上兵)이 지키고, 지방에는 육군(陸軍)과 수군(水軍), 그리고 기병(騎兵)이 지켜야 한다.

정도전은 군사훈련 방법에 관한 책을 스스로 만들어 《오행진출기도(五行陣出奇圖)》와 《강무도(講武圖)》라고 불렀으며, 이를 바탕으로 직접 군사훈련을 감독하기도 했다.

다섯째, 〈헌전(憲典)〉은 곧 형전(刑典)에 해당하는 것으로 잘못한 사람을 형벌로 다스리는 원칙을 제시하고 있다. 정치는 기본적으로 사람을 사랑하고 바르게 만드는 도덕주의를 기초로 하여 인(仁)으로써 다스려야 하지만 이를 보조하는 수단이 바로 형벌이라고 본다. 그러나 정도전은 형벌에 지나치게 의존하는 것은 옳지 않다고 보고, 어디까지나 인정의 보조수단에 머물러야 한다는 것을 강조하고 있다. 공자(孔子)도 말하기를 "정(政)과 형(刑)을 가지고 다스리면, 백성들이 죄를 짓지 않지만 염치를 잃게 되고, 덕(德)과 예(禮)를 가지고 다스리면 백성들이 부끄러움을 알고 사람이 바르게 된다"고 했다.

그러면 형벌에는 무엇이 있는가? 우선, 다섯 종류의 벌(罰)이 있는데, 태형(笞刑), 장형(杖刑), 도형(徒刑), 유형(流刑), 사형(死刑)이 그것으로 이를 오형(五刑)이라고 부른다. 여기서 사형이 가장 무거운 벌이고, 큰 칼을 씌우는 태형이 가장 가벼운 벌이다. 그리고 범죄의 종류는 크게 10종이 있어 이를 십악(十惡)이라고 부르는데, 모반(謀反), 모대역(謨大逆), 모반(謀叛), 대불경(大不敬)은 임금에 대한 죄를 의미하며, 악역(惡逆), 불효(不孝), 불목(不睦)은 부모에 대한 죄이며, 부도(不道)는 사람의 생명에 대한 죄이며, 불의(不義)와 내란(內亂)은 관(官)에 대한 민(民)의 죄, 스승이나 벗에 대한 죄, 부부와 남녀간의 죄를 말한다. 이런 죄들은 등급이 있으므로 그에 맞추어 벌을 내리는 것이다.

이밖에도 벌을 받아야 할 대상은 더 있다. 관직을 소홀하게 수행하는 자, 부인(符印)을 속이는 자, 호역(戶役)을 피하는 자, 남의 땅을 겸병하는 자, 혼인을 음탕하게 하는 자, 곡식창고를 잘못 관리하는 자, 제사를 소홀하게 하는 자, 복식(服食)을 어기는 자, 궁궐수비를 소홀히 하는 자, 군령(軍令)을 어기는 자, 도둑질하는 자, 싸움하는 자, 소송을 잘못 처리하는 자, 뇌물을 받는 자, 간음(姦淫)하는 자 등이 그것이다.

여섯째, 〈공전(工典)〉은 토목공사라든지 물건을 만드는 공작(工作)의 원칙을 설명했다. 여기서 가장 중요한 것은 검박한 것을 숭상하고, 사치를 경계하는 일이다. 만약 국가재정을 절약하지 않고 낭비하거나 백성들의 노동력을 무겁게 여기지 않으면 재정이 파탄될 뿐 아니라 백성들이 피곤하게 되며 나라가 위태로운 지경에 이르기 때문이다.

토목공사와 공작에는 여러 종류가 있는데, 궁원(宮苑), 관청, 창고, 성곽, 종묘, 교량(다리)을 짓는 일과 병기(兵器), 노부(鹵簿 행차의 의장), 금공(金工), 옥공(玉工), 목공(木工), 석공(石工), 벽돌, 실, 가죽, 옷감, 그림, 조각 등이 있다. 그런데 이런 일을 시킬 때 반드시 조심해야 할 것은 농한기에 백성을 부려야 한다는 것이다.

궁원(宮苑)을 지을 때는 너무 사치스러우면 반드시 백성들을 피곤하게 만들고 재정을 낭비하게 되며, 너무 누추하면 조정에 대한 임금의 권위가 서지 않는다. 그래서 검소하면서도 누추하지 않아야 하고, 화려하되 사치스럽지 않아야 한다. 하지만, 검소는 덕을 담고 있지만, 사치는 큰 악이 되므로, 사치한 것보다는 차라리 검소한 것이 좋다. 떼풀로 궁궐을 짓고 흙으로 계단을 만들더라도 태평한 정치를 할 수 있지만, 보석으로 단장한 궁궐은 나라가 망하는 화에서 구(救)하지 못하는 것이다. 아방궁을 짓고서 진(秦)나라가 망한 것을 알아야 한다.

관부(官府)나 창고(倉庫)도 두루 갖추어야 국가가 잘 운영되므로 필요한 일이며, 성곽은 나라를 방어하는 중요한 곳으로 반드시 만들어야 하지만 성곽을 쌓는 데에도 원칙이 있다. 큰 도시라도 성치(城雉)를 많이 지으면 안 되고, 토목을 할 때에는 용이 나타나면 일을 조심하고, 홍수가 끝나면 나무를 심고, 해가 지면 일을 그쳐야 한다. 또 농사철에는 토목공사를 하지 않아야 한다. 만약 성곽의 크기를 멋대로 크게 하거나 때를 가리지 않고 큰 토목공사를 일으키는 것은 백성을 사랑하지 않는 것이다. 또 하나 기억해야 할 것은 지리(地利)는 인화(人和)보다 못하다는 것을 명심하여 성곽만 튼튼하게 만든다고 나라를 잘 지키는 것이 아니므로 백성을 아끼고 사랑하여 인화를 이루어야만 국방에 도움이 된다.

지금까지 《조선경국전》의 내용을 요약하여 소개했는데, 이 책에 담긴 기본정신을 한 마디로 요약한다면 정치는 사람을 바르게 하는 일이라는 데서 출발하고 있다. 사람을 바르게 만들려면, 무엇보다 모든 생명을 아끼고 사랑하는 자연의 이치를 바탕으로 하여 백성을 사랑하는 마음으로 다스려야 하고, 백성의 생활을 안정시키고, 백성의 뜻에 따라 정책을 결정하고, 백성을 가르쳐서 인재를 키우고, 그 인재를 능력주의로 선발하여 정치를 맡겨야 한다. 만약 임금이 백성의 뜻을 어기면 백성은 임금을 버린다.

따라서 나라의 주인은 임금이 아니라 백성이고, 백성을 주인으로 모시는 정치가 곧 민본정치(民本政治)다. 따라서 《조선경국전》은 바로 민본정치의 교과서이자 헌법이라고 말할 수 있다.

여기서 서양의 현대 민주정치를 비교해보면, 공통점과 차이점이 있다. 백성을 사랑하고, 백성을 주인으로 하는 정치를 지향한다는 점에서는 민본정치와 서양의 민주주의는 다를 바 없다. 다만, 서양의 민주주의는 정치를 권리(權利)라는 관점에서 바라보고 있는데, 권리는 곧 권력(權力)과 이득(利得)을 합친 말이다. 다시 말해 힘의 논리와 물질의 논리가 바탕에 깔려 있다. 그리고 힘과 이득은 수치(數値)로 연결되어 다수결이 존중되고, 다수결을 투표로서 결정하는 제도를 만들었다.

이에 반해 민본정치는 사랑과 도덕과 예의를 상위 개념에 두고, 힘과 이득과 수치는 하위 개념으로 두고 있다. 다시 말해 인간의 도덕적 완성도를 높임으로써 힘과 이득을 균등하게 분배하자는 것이다. 백성을 위한다는 목표는 서로 같지만, 그 방법과 수단이 서로 다른 것이다.

오늘날 서양의 민주주의를 도입하여 실행하고 있는 서양이나 한국의 경우 형식적으로 다수결이 존중되고, 여론이 투입되고, 권리가 신장되고 있는 것은 좋은 점으로 보인다. 하지만, 정치인이나 일반 국민의 도덕성이 과연 생명을 사랑하고 백성을 진정으로 사랑하고 있는 정치를 하고 있는지는 의문이다. 겉으로는 민주주의를 하고 있지만, 그 안을 들여다보면 민주주의로 위장된 장사꾼의 모습이 더 크게 보이기 때문이다.

여기서 우리가 생각해야 할 것은 두 가지가 있다. 하나는 유교적 민본정치를 지나간 시대의 봉건적 가치로 그냥 버려야 할 것인지를 심각하게 물을 필요가 있다는 것이다. 또 하나는 《조선경국전》이 만들어진 14세기 말에 서양에서 이만한 수준의 정치서가 나왔느냐를 따져보는 일이다. 서양의 민주주의는 18세기 이후 시민혁명을 거치면서 성립된 것임을 기억할 필요가 있다. 물론, 우리나라에서는 서양과 같은 시민혁명이 있었느냐고 반문할 수 있다. 하지만, 이는 어리석은 질문이다. 서양과 같은 봉건사회가 없었는데, 어떻게 시민혁명이 필요한 것인가?

이상과 같은 몇 가지 생각을 가슴에 담고 정도전의 《조선경국전》을 읽는다면, 더 친근하게 다가가서 감동을 받을 수도 있을 것으로 믿는다.

2012년 10월

차례

상권

하권

상권

보위를 바르게 함 | 正寶位

《역(易)》[1]에 이런 말이 있다. "성인의 큰 보배를 '위(位)'라고 한다. 천지의 큰 덕을 '생(生)'이라고 한다. 어떻게 하면 '위'를 지킬 수 있을까? '인(仁)'으로써 해야 한다."[2] 천자(天子)는 천하 백성의 공봉(供奉)을 받고 제후는 경내 백성의 공봉을 받으니 천자나 제후는 부귀가 지극한 사람들이다. 어질고 유능한 사람들이 자기의 지혜를 바치고, 무용이 뛰어난 인물들이 자기의 힘을 바치며, 백성들이 분주하게 자기가 맡은 역(役)에 복무하고, 오직 인군(人君)의 명령에만 복종하니 '위'를 얻는다는 것이 큰 보배가 아니고 무엇이겠는가.

천지는 만물을 생육하는 데 있어서 순수하고 평등하다. 근원이 되는 '기(氣)'가 빈틈없이 유포되어 만물이 생성될 때에는 모두 이 '기'를 받아서 된다. 만물은 어떤 것은 크고 어떤 것은 작고 어떤 것은 높고 어떤 것은 낮고, 제각각의 형태를 지니고 제각각의 본성을 지니고 있는데, 이것은 '기'의 작용에 의한다.[3] 그러므로 천지 만물을 생성시키는 것을 본심으로 삼는 것, 이른바 만물을 생성시키는 마음은 천지의 큰 '덕(德)'이다.

인군의 '위'는 높기로 말하면 높고, 귀하기로 말하면 귀하다. 그러나 천하는 지극히 넓고 만민은 지극히 많다. 만일 인군이 천하 만민의 인심을 얻지 못하면 크게 염려할 일이 생긴다. 하민(下民)은 지극히 약한 존재이지만 힘으로써 위협해서는 안 된다. 하민은 지극히 어리석지만 꾀로써 속여서도 안 된다. 인심을 얻으면 백성이 복종하지만 인심을 얻지 못하면 백성은 인군을 버린다. 백성이 인군을 버리고 따르는 데에 있어서는 털끝만 한 여지도 용납되지 않는다. 그런데 인심을 얻는 것은 사

1 《역(易)》: 오경(五經)의 하나. 《주역(周易)》 또는 《역경(易經)》이라고도 함. 역학(易學)에 관한 책. 주대(周代)에 문왕(文王)·주공(周公)·공자(孔子) 등이 저작했다고 하나 확실치 않고 오랜 세월을 두고 여러 사람에 의하여 만들어지고 다듬어졌다.

2 《주역(周易)》 〈계사(繫辭) 하〉. 원문에는 "천지의 큰 덕을 생(生)이라고 한다. 성인의 큰 보배를 위(位)라고 한다. 어떻게 하면 위(位)를 지킬 수 있을까? 인(仁)으로써 해야 한다"라고 되어 있는데, 정도전은 순서를 뒤바꿨다.

3 이 부분은 정도전의 철학 사상인 우주론(宇宙論) 내지는 본체론(本體論)과 관계되는 것으로 그의 《불씨잡변(佛氏雜辨)》에 자세히 논급되어 있다.

사로운 뜻을 품고서 구차스럽게 하는 것이 아니며, 도(道)에 어긋나고 명예를 손상시키면서 얻는 것도 아니다. 그 방법은 오직 '인'일 따름이다. 인군은 천지가 만물을 생육시키는 마음가짐을 자기의 마음으로 삼아서, '차마 할 수 없는 마음'으로 정치를 해야 한다.[4]

그리하여 천하 사람들이 모두 기뻐서 인군을 자기 부모처럼 우러러볼 수 있게 되면, 오래도록 안녕과 부귀와 존경과 영화의 즐거움을 누릴 수 있게 될 것이요, 나라가 위태롭고 멸망하여 쓰러지는 근심을 갖지 않게 될 것이다. '인(仁)'으로써 '위(位)'를 지키는 것이 어찌 마땅한 일이 아니겠는가. 삼가 생각해 보면, 주상(主上) 전하는 하늘과 인민의 뜻에 순응하여 보배로운 '위'를 신속히 바르게 하였고, '인'이 착한 마음을 완전하게 만들고, 사랑이 '인'에서 피어난다는 것을 알고 있다. 그리하여 자신의 마음을 바르게 하여 '인'을 체득하고 사랑을 인민에게 미루어 베풀었으니, '인'의 본체가 세워지고 '인'의 작용이 실행되었다. 아! '위'를 보유하여 천만세에 길이 전하여질 것을 어찌 믿지 않을 수 있으랴!

易曰 聖人之大寶曰位 天地之大德曰生 何以守位 曰仁 天子享天下之奉 諸侯享境內之奉 皆富貴之至也 賢能效其智 豪傑效其力 民庶奔走 各服其役 惟人君之命是從焉以其得乎位也 非大寶而何 天地之於萬物 一於生育而已 蓋其一原之氣 周流無間 而萬物之生 皆受是氣以生 洪纖高下 各形其形 各性其性 故曰天地以生物爲心 所謂生物之心 卽天地之大德也 人君之位 尊則尊矣 貴則貴矣 然天下至廣也 萬民至衆也 一有不得其心 則蓋有大可慮者存焉 下民至弱也 不可以力劫之也 至愚也 不可以智欺之也 得其心則服之 不得其心則去之 去就之間 不容毫髮焉 然所謂得其心者 非以私意苟且而爲之也 非以違道干譽而致之也 亦曰仁而已矣 人君以天地生物之心爲心 行不忍人之政 使天下四境之人 皆悅而仰之若父母 則長享安富尊榮之樂 而無危亡覆墜之患矣 守位以仁 不亦宜乎 恭惟主上殿下 順天應人 驟正寶位 知仁爲心德之全 愛乃仁之所發 於是正其心以體乎仁 推其愛以及於人 仁之體立而仁之用行矣 嗚呼 保有其位 以延千萬世之傳 詎不信歟

4 《맹자(孟子)》 〈공손추(公孫丑) 상〉 참조.

국호 | 國號

해동(海東)의 나라들은 국호가 일정하지 않아서 '조선(朝鮮)'이라고 부른 것이 셋이 있었다. 단군(檀君)[5] · 기자(箕子) · 위만(衛滿)이 그것이다. 박씨 · 석씨 · 김씨가 서로 계승하여 '신라(新羅)'로 불렀고, 온조(溫祚)는 '백제(百濟)'로 불렀고, 견훤(甄萱)은 '후백제(後百濟)'로 불렀다. 또한 고주몽(高朱蒙)은 '고구려(高句麗)'로 불렀으며, 궁예(弓裔)는 '후고구려(後高句麗)'로 불렀다. 왕씨는 궁예를 대신한 뒤에 여전히 고려의 국호를 답습하였다. 이들은 모두 한 지역을 몰래 차지하여 중국의 칙명을 받지 않고 스스로 국호를 세우고, 서로 침략하고 빼앗았으니 비록 국호를 칭한 것이 있다 하더라도 이를 어찌 받아들일 수 있겠는가? 다만 기자만이 주(周)나라 무왕(武王)의 명령을 받아 조선후(朝鮮侯)가 되었다. 지금 중국〔명〕의 천자는 고명(誥命)에서 이렇게 말하였다.

"오직 '조선'이라는 칭호가 아름다울 뿐 아니라 그 유래가 매우 오래다. 이 이름을 근본으로 하여 받들고 하늘을 좇아서 백성들을 기르면, 길이 후손들이 번창할 것이다."

주 무왕이 기자에게 명한 것처럼, 명(明) 천자가 전하에게 명하였으니 이름이 바로잡히고 말도 적당해진 것이다. 기자는 무왕에게 홍범(洪範)[6]을 가르쳤고, 홍범의 뜻을 부연하여 〈팔조(八條)의 교(敎)〉[7]를 지어서 우리나라에서 실시하니 정치의 교

5 단군(檀君) : 단군 신화는 몽고 지배 시기에 민족 의식의 발흥과 함께 널리 유포 · 숭배되었는데, 정도전 · 조준(趙浚) 등 조선의 건국 주체자들은 단군을 신화적인 인물로서가 아니라 역사적인 실존 인물로 생각하고 우리나라 최초의 국조(國祖)로서 인정하여 개국 후에는 국가에서 정식으로 제사를 지내기도 하였다. 그들이 '조선(朝鮮)'이라는 국호를 제정하게 된 것도 단군이 세운 최초의 우리 민족의 국가를 계승한다는 민족 의식이 내포되어 있는 것 같다. 다만 중국과의 사대 관계를 고려하여 기자조선(箕子朝鮮)의 계승을 표면적으로 더 강조한 듯이 보인다.

6 홍범(洪範) : 전설에 의하면 하(夏)의 우(禹)임금 때에 낙수(洛水)에서 나온 신귀(神龜)의 등에 씌어 있었다는 9장(章)의 문장으로서 천하를 다스리는 대의로 삼았다. 〈홍범구주(洪範九疇)〉라고도 한다.

7 팔조(八條)의 교(敎) : 이른바 기자가 지었다고 하는 팔조교(八條敎) 가운데서 지금 전하여지는 것은 다음의 세 조목이다. 첫째, 사람을 죽인 자는 당장에 죽인다. 둘째, 사람을 상해한 자는 곡물로써 배상케 한다. 셋째, 사람의 물건을 훔친 자는 소유주 집의 노비로 삼는다. 소위 팔조교는 기자의 소작(所作)이라기보다는 고조선 사회의 토착적인 법금으로 믿어지고 있다.

화가 크게 이루어지고 풍속이 지극히 아름다워졌다. 조선이라는 이름이 천하 후세에 알려진 이유가 여기에 있다. 이제 '조선'이라는 아름다운 국호를 답습하였으니 기자의 선정(善政)도 마땅히 강구해야 할 것이다. 오호라! 명 천자의 덕도 주 무왕에 비교하여 부끄럽지 않거니와 전하의 덕, 또한 어찌 기자에 비하여 부끄러움이 있겠는가! 장차 〈홍범(洪範)의 학(學)〉과 〈팔조의 교〉가 오늘날 다시 시행되는 것을 보게 될 것이다. 공자(孔子)는 말하였다. "내가 그 나라를 동쪽의 주(周)나라로 만들겠노라"[8]고. 공자가 어찌 나를 속이겠는가?[9]

海東之國 不一其號 爲朝鮮者三 曰檀君 曰箕子 曰衛滿 若朴氏昔氏金氏 相繼稱新羅 溫祚稱百濟於前 甄萱稱百濟於後 又高朱蒙稱高句麗 弓裔稱後高麗 王氏代弓裔 仍襲高麗之號 皆竊據一隅 不受中國之命 自立名號 互相侵奪 雖有所稱 何足取哉 惟箕子受周武之命 封朝鮮侯 今天子命曰 惟朝鮮之稱美 且其來遠矣 可以本其名而祖之 體天牧民 永昌後嗣 蓋以武王之命箕子者 命殿下 名旣正矣 言旣順矣 箕子陳武王以洪範 推衍其義 作八條之敎 施之國中 政化盛行 風俗至美 朝鮮之名 聞於天下後世者如此 今旣襲朝鮮之美號 則箕子之善政 亦在所當講焉 嗚呼 天子之德 無愧於周武 殿下之德 亦豈有愧於箕子哉 將見洪範之學 八條之敎 復行於今日也 孔子曰 吾其爲東周乎 豈欺我哉

8 《논어(論語)》〈양화(陽貨)〉. 공산불(公山弗) 요(擾)라는 사람이 비(費)에서 반란을 일으켜 정권을 잡은 다음에 공자를 등용하려고 불렀을 때 공자가 이에 응낙하면서 한 말이다. 공자는 누구든지 자기를 등용해 주면 그 나라를 주(周)나라와 같은 이상 국가로 만들겠다고 생각하고 있었다.

9 공자가 주(周)나라와 같은 이상 국가를 재현시키려고 마음먹고 있었듯이 정도전 자신도 우리나라를 동쪽의 주나라로 만들어 보겠다는 야심을 피력한 것으로 보인다.

나라의 근본(根本)(세자)을 정함 | 定國本

세자(世子)는 천하 국가의 근본이다. 옛날의 선왕(先王)[10]은 반드시 맏아들로써 세자를 세웠으니 왕위계승 분쟁을 막기 위한 것이었다. 또한 반드시 어진 아들로써 세자를 세우기도 하였으니 덕을 존중하기 위한 것이었다. 이것은 천하 국가를 바르게 하려는 마음에서 나온 것이다. 세자의 교양이 부족하면 덕 있는 왕업이 이루어지지 않고 왕이 짊어지고 있는 무거운 책임을 감당하기 어렵다. 이를 염려하여 나이 많고 원숙한 학자와 덕행이 높은 현인을 택하여 세자의 스승으로 삼고, 행실이 단정한 선비를 세자의 요속(僚屬)으로 삼아서 아침저녁으로 가르치고 권면하였다. 세자의 언어와 행동을 바르게 하지 아니함이 없었으니 그를 훈도하고 함양함이 이렇듯 지극하였다. 선왕은 세자에 대하여 다만 위(位)를 정하여 주는 것에만 그치지 않고 그를 가르침이 이와 같았다. 그러나 간혹 기술을 가진 인사를 초빙하여 헛되이 사장(詞章)의 학문을 배우는 경우가 있어서, 배우고 익힌 것이 도리어 본심을 어지럽히는 도구가 되었다. 심한 경우에는 참소하고 아첨하며 알랑대는 무리들만을 신임하기도 하고, 여인들과의 유희나 한가로운 놀이만을 좋아하여 마침내는 세자의 위를 보존하지 못하는 경우도 많았다. 아, 어찌 애석한 일이 아니겠는가!

우리 전하께서는 즉위한 직후에 윤음(綸音)을 내리시어 먼저 동궁(東宮)[11]의 위를 바르게 하고[12] 서연관(書筵官)[13]을 설치하여, 문하좌시중(門下左侍中) 조준(趙浚)[14],

10 선왕(先王) : 요(堯) · 순(舜) · 우(禹)〔夏〕 · 문왕(文王)〔周〕 · 무왕(武王)〔周〕 등 중국 당우삼대(唐虞三代)의 군주를 가리킴.

11 동궁(東宮) : 왕세자의 궁전, 또는 왕세자를 가리킴.

12 태조(太祖)의 계비 강비(康妃) 소생의 제8자(第八子) 방석(芳碩)이 세자로 책봉됨.

13 서연관(書筵官) : 왕세자에게 글을 가르치던 관리.

14 조준(趙浚 1346~1405) : 정도전과 더불어 조선왕조 건국에 가장 공로가 큰 신하. 특히 고려 말기 우왕(禑王) 14년 회군(回軍) 이후 대사헌(大司憲)이 되어 사전(私田) 개혁 운동의 선봉에 섰다.

판중추원사(判中樞院事) 남재(南在)[15], 첨서중추원사(簽書中樞院事) 정총(鄭摠)[16]이 학업이 높아 세자를 교육하고 권면할 만하다고 믿어서 세자의 사부(師傅)와 빈객(賓客)으로 임명하였다. 그리고 신(臣) 또한 불민스러움에도 불구하고 이사(貳師)의 직책을 맡게 되었다. 신은 비록 학문이 엉성하고 깊지 못하여 세자의 타고난 훌륭한 덕을 제대로 보필하기는 어려우나 마음속으로는 항상 세자를 잊지 않고 있다. 지금 우리의 동궁은 자질이 뛰어나고 성품이 온화하고 문아하며, 일찍 일어나고 늦게 자면서 부지런히 서연(書筵)에 참여하여 연구와 토론을 게을리하지 아니하고 있으니, 앞으로 일취월장하여 반드시 그 학문이 밝게 빛날 날이 올 것으로 믿는다. 세자의 위를 바르게 하여 나라의 근본을 튼튼하게 하는 것은 마땅히 해야 할 일이다.

儲副 天下國家之本也 古之先王 立必以長者 所以絶其爭也 必以賢者 所以尙其德也 無非公天下國家之心也 尙慮敎養未至 則德業未進 無以克荷負托之重 於是 擇耆儒宿德 爲之師傅 端人正士 爲之僚屬 朝夕講勸 無非正言正事 則其薰陶涵養者至矣 先王之於儲副 不徒定其位 從而敎之者如此 而或有招致技術之士 徒事詞章之學 其所習者 反爲喪心之具 甚者惟讒諂面諛之徒是信 嬉遊逸豫之事是好 卒無以保其位者多矣 吁可惜哉 恭惟我殿下卽位之初 首降德音 以正東宮之位 置書筵官 謂門下左侍中趙浚 判中樞院事南在 簽書中樞院事鄭摠 其學業皆可以備講勸之任 命爲師傅賓客 而臣亦以不敏 得忝貳師之職 雖其學問之疏略 不足以仰補原良之德 然其心則未嘗忘之也 今我東宮 以岐嶷之資 溫文之性 夙興夜寐 每御書筵 講論不怠 則日就月將 必至於光明之學 可冀也 其所以正儲位而隆邦本者 宜矣

15 남재(南在 1351~1419) : 정도전 · 조준 다음으로 조선왕조 개국에 공로가 큰 신하. 개국 일등 공신의 한 사람으로 문장이 뛰어나고 경제에 밝았음. 태종조(太宗朝)에 영의정을 지냄.

16 정총(鄭摠 1358~1397) : 개국 일등 공신의 한 사람으로 정도전과 함께 《고려사(高麗史)》를 편찬. 태조 4년에 이성계(李成桂)의 고명(誥命)과 인신(印信)을 요청하기 위하여 명나라에 사신으로 갔다가 표사(表辭)가 불손하다는 이유로 명제(明帝)에게 트집 잡혀 유배 도중 죽었다. 태조 4년에 이성계의 명령으로 《조선경국전(朝鮮經國典)》의 서문을 쓰기도 함.

왕실의 세계 | 世系

신은 일찍이 〈주아(周雅)〉[17]를 읽어 보았다. 문왕(文王)[18]과 무왕(武王)[19]의 덕을 말하는 경우에는 반드시 후직(后稷)[20]과 공류(公劉)[21]의 공을 쌓은 일과 인(仁)을 행한 일을 추구하여 그 유래가 멀다는 것을 보여주고 있다. 또한 문왕과 무왕의 복을 이야기하는 자는 반드시 자손들의 무던한 인후와 무리 지은 번성을 노래하여 그 미친 데가 넓다는 것을 보여 주고 있다.

우리나라 왕조의 세계(世系)〔家系〕도 번성하여 모(某) 이래로 대대로 덕을 쌓아 오다가 목왕(穆王)[22]에 이르러 두드러지기 시작하여 전하에 이르러 대명(大命)이 모이게 된 것이다.[23] 더욱이 하늘이 자손을 내려 주시어 이미 번성을 이루었고, 그 가운데 현명하고 덕이 있는 이를 골라 동궁의 자리에 올바르게 앉혔다. 나머지 자손에게는 모두 작위를 주고 영지(領地)를 나누어 주어 왕실의 울타리로 삼았으니, 이 또한 국가의 장구한 계책에서 나온 것이다. 이제 봉작(封爵)의 이름을 적어서 〈세계편(世系篇)〉을 짓는다.[24]

17 〈주아(周雅)〉 : 《시경(詩經)》의 〈대아(大雅)〉, 〈소아(小雅)〉 양편.

18 문왕(文王) : 주(周)의 문왕(文王). 은(殷)나라 주왕(紂王) 때 서백(西伯)이 되어 인자(仁慈)로써 백성을 다스리고 뒤에 제후들의 추대를 받아 군주가 됨. 뒤에 그의 아들 무왕(武王)이 은을 멸망시키고 즉위하자 문왕(文王)이라 시호를 추증함.

19 무왕(武王) : 주(周)의 무왕(武王 B.C. 1134~1116). 문왕(文王)의 아들. 아우 주공(周公) 단(旦)과 협력하여 은을 멸하고 선정(善政)을 베풂.

20 후직(后稷) : 주(周) 왕실의 선조. 이름은 기(棄). 농사를 맡았으므로 후직(后稷)이라고 별명함.

21 공류(公劉) : 후직(后稷)의 후손〔증손〕. 후직(后稷)의 업(業)을 계승, 주(周) 왕실을 일으킴.

22 목왕(穆王) : 이성계의 고조부. 이름은 이안사(李安社 ?~1274), 본관은 전주(全州). 고종 때 의주지사(宜州知事)가 되어 정치를 잘하여 명망을 얻음. 원(元)나라에 귀순하여 남경오천호(南京五千戶) 다루가치〔달로화적 (達魯花赤)〕가 되어 여진족(女眞族)을 다스림.

23 목왕(穆王)에서 이성계에 이르는 세계(世系)는 다음과 같다. 이안사(李安社 목왕(穆王), 고조부), 이행리(李行里 익왕(翼王), 증조부), 이춘(李椿 도왕(度王), 조부), 이자춘(李子春 환왕(桓王), 부).

24 〈세계편(世系篇)〉을 짓는다고 예고하였으나 실제로는 쓰지 않았고, 그러므로 본편은 실은 〈세계편〉의 서론에 지나지 않는다고 볼 수 있다.

臣嘗讀周雅 論文武之德者 必追述后稷 公劉積功累仁之事 以見其所由來者遠 論文武之福者 必歌詠子孫振振之仁 侁侁之盛 以著其所由及者廣 恭惟本朝世系之盛 自某以來 世有積德 至穆王而始著 至殿下而大命集矣 天又錫之以祚胤 旣蕃且大 爰命賢有德者正位東宮 餘皆建爵分封 藩屛王室 亦國家長久之計也 疏其封爵名號 作世系篇

교서 | 敎書

《서경(書經)》[25]에 "위대하도다, 왕의 말씀이여!"[26]라고 하였고, 또 "순수하도다, 왕의 마음이여!"[27]라고도 하였다. 마음이 안으로부터 순수하기 때문에 그것이 밖으로 말로써 표현되면 자연히 그 말이 위대하기 마련인 것이다. 반대로 밖으로 표현된 말의 위대함을 보면 그 마음이 순수한 것을 알 수 있다. 전(典) · 모(謨) · 훈(訓) · 고(誥)[28]가 《서경(書經)》에 실린 이래로 '정일(精一)'[29] · '집중(執中)'[30]이라는 말이 두고두고 성학(聖學)의 연원이 되었으니, 이 말의 위대함을 알겠다. 한(漢) · 당(唐)이래로 천자의 말은 혹은 '제조(制詔)'라고도 칭하고, 혹은 '고칙(誥勅)'이라고도 하였으며, 제후의 말은 '교서(敎書)'라고 하였다. 양자 사이에는 비록 높고 낮음의 차이가 있지만, 말하고자 하는 뜻은 한 가지인 것이다. 이른바 '제고' 또는 '교서'는 본인이 스스로 짓는 경우도 있으나, 문신이 대신하여 짓는 경우도 있다. '제고'와 '교서'는 정치 수준의 높고 낮음에 따라 순수한 것도 있고 잡박한 것도 있어서 한결같지는 않으나, 이것을 통하여 그 시대의 언행을 살필 수가 있다.

우리 전하는 왕위에 오르기 전부터 유사(儒士)와 더불어 경서(經書)와 사서(史書), 그리고 제자백가(諸子百家)의 서(書)를 읽어서 의리를 토론하여 밝히고, 옛날부터 지금까지 정치의 성공한 일과 실패한 일을 토론하기를 좋아하여 이에 능통하였다. 문장은 본업이 아니요, 여사(餘事)였음에도 불구하고 학문이 이렇듯 지극한 것은

25 《서경(書經)》: 오경(五經) 또는 일삼경(一三經)의 하나. 《상서(尙書)》라고도 함. 요(堯) · 순(舜) · 우(禹)〔하(夏)〕 · 탕(湯)〔은(殷)〕 · 문왕(文王) · 무왕(武王)〔주(周)〕 등 이제삼왕(二帝三王) 시대〔당우삼대(唐虞三代)라고도 함〕의 사실(史實)과 사상 등을 기록한 것. 공자(孔子)가 편찬하였다고 전해진다.

26 《서경(書經)》 〈상서(尙書)〉 성유일덕(成有一德).

27 《서경(書經)》 〈상서(尙書)〉 성유일덕(成有一德).

28 이제삼왕(二帝三王)이 정한 법규로서 《서경(書經)》의 편명들. 예컨대 전(典)에는 〈요전(堯典)〉 〈순전(舜典)〉이 있고, 모(謨)에는 〈대우모(大禹謨)〉 〈고도모(皐陶謨)〉가 있고, 훈(訓)에는 〈이훈(伊訓)〉이 있으며, 고(誥)에는 〈탕고(湯誥)〉 〈경고(庚誥)〉 등이 있다.

29 정일(精一): 《서경(書經)》 〈대우모(大禹謨)〉의 '유정유일(惟精惟一)'의 준말로 '순수한 마음'이라는 뜻.

30 집중(執中): 《서경(書經)》 〈대우모(大禹謨)〉의 '윤집궐중(允執厥中)'의 준말로서 '중용(中庸)의 도(道)를 지킨다'는 뜻.

스스로 터득한 것이 많은 까닭이었다. 이제 유신(維新)의 시대를 맞이하여 기강을 확립하고 백성들과 더불어 새로이 정치를 시작하여 여러 차례 교서(敎書)를 내리어 서울과 지방 교시하였다. 이 교서는 비록 문신이 지어 바친 것이지만 교서에 들어 있는 명령의 뜻은 모두 전하의 신념에서 나온 것이며, 이를 토론하고 다듬어서 의리에 맞게 한 것이다. 그 수준은 문필을 잡은 사람이 능히 흉내 낼 수 없을 정도이니 이를 마땅히 편으로 적어서 일대의 법전(法典)으로 갖추어 놓고자 한다.

書曰 大哉王言 又曰 一哉王心 惟其心之一於內 故言之發於外者 不期而自大 觀其發言之大 則其存心之一 從可知矣 自典謨訓誥著於書 而精一執中之說 爲萬世聖學之淵源 信乎其大矣 漢唐以來 天子之言 或稱制詔 或稱誥勅 諸侯之言 稱敎書 尊卑雖殊 其所以立言之義則一也 所謂制誥敎書 有親自製者 有出於文臣之代言者 隨其政治之高下 有醇駁之不同 然而因是 亦可見一時之云爲也 恭惟我殿下 自在潛邸時 好與儒士讀經史諸子 講明義理 論古今成敗之事 甚悉甚熟 文章雖其餘事 而學問之至蓋有自得者多矣 今當維新之日 立經陳紀 與民更始 屢降德音 以敎中外 其書雖出於文臣之製進 其命意則一本於宸衷之斷 而討論潤色 得義理之當 又非秉筆者所能髣髴 是宜列著于篇 以備一代之典

一. 치전 | 治典

1. 총서 | 摠序

치전(治典)은 총재(冢宰)[31]가 관장한다. 사도(司徒)[32] 이하의 오경(五卿)이 모두 총재에게 속하며 교전(敎典)[33] 이하의 오전(五典)도 또한 총재의 직책이 된다. 총재가 훌륭한 사람이 등용되면 육전(六典)[34]이 잘 거행되고 모든 직책이 잘 수행된다. 그러므로 인주(人主)의 직책은 한 사람의 재상과 정사를 의논하는 것뿐이라고 말할 수 있다. 총재라는 것은 위로는 군부(君父)를 받들고 밑으로는 백관을 통솔하며 만민을 다스리는 자이니 그 직책이 매우 크다. 또한 인주에는 어리석은 이도 있고 현명한 이도 있으며, 강력한 이도 있고 유약한 이도 있어서 한결같지 않다. 그러므로 총재는 인주의 장점〔미(美)〕은 살리고 단점〔악(惡)〕은 고쳐야 하며, 옳은 일은 받들어 봉행하고, 옳지 않은 일은 바꾸도록 해야 한다. 그리하여 인주로 하여금 지나치거나 부족함이 없이 가장 올바른 길로 인도해야 하는 것이다. 그러므로 재상의 '상(相)'이란 말은 '보상(輔相 도와준다)'한다는 뜻이다. 백관은 제각기 직책이 다르고 만민은 제각기 직업이 다른 것이다. 재상은 이들을 다스려서 각기 제 본분을 잃지 않도록 하고, 이들을 고르게 하여 각기 제 몫을 갖도록 해야 한다. 따라서 재상의 '재(宰)'란 말은 '재제(宰制 똑같이 나누어주어 다스린다)'한다는 뜻이다. 대궐 안의 비밀이나 왕의 빈첩(嬪妾)들이 침석에서 왕을 모시는 일, 내시들의 집무

31 총재(冢宰) : 주(周)나라 때 치전(治典)의 장관인 동시에 육전(六典)〔육관(六官)〕 전체를 총괄하던 장관. 오늘날의 국무총리나 수상과 비슷함.

32 사도(司徒) : 주(周)나라 육경(六卿)〔육전(六典)의 장관〕의 하나로서 교전(敎典)의 장관.

33 교전(敎典) : 주(周)나라 육전(六典)〔육관(六官)〕 중의 하나. 방국(邦國)을 편안하게 하고〔이안방국(以安邦國)〕, 관부(官府)를 가르치며〔이교관부(以敎官府)〕, 만민을 온순하게 길들이는〔이요만민(以擾萬民)〕 직책을 담당. 후세의 호전(戶典)과 기능이 비슷함.

34 육전(陸田) : 주(周)대에 나라를 다스리기 위하여 제정한 여섯 가지 법전(法典) 또는 그 관직. 곧 치전(治典) · 교전(敎典) · 예전(禮典) · 정전(政典) · 형전(刑典) · 사전(事典)을 의미. 후세의 육부(六部) 또는 육조(六曹)는 여기에서 유래된 것이다. 즉 치(治)→이(吏), 교(敎)→호(戶), 예(禮)→예(禮), 정(政)→병(兵), 형(刑)→형(刑), 사(事)→공(工).

상황, 왕이 타고 다니는 수레나 말, 의복의 장식, 그리고 왕이 먹는 음식에 이르기까지 총재만은 알아야 한다. 총재는 중신(重臣)이므로, 인주도 예의를 갖추어 대하여야 한다. 그런데 몸소 이렇듯 자질구레한 일까지 관여한다는 것은 너무 번거로운 일이 아닐까? 아니다. 빈첩 · 궁녀들이나 내시들은 본래 인주의 심부름을 맡은 사람들인데 이들이 올바르지 아니하면 사특하고 아첨하는 일이 일어난다. 수레와 말, 의복과 음식은 본래 인주의 일신을 봉공하는 것인데 절제를 하지 아니하면 사치하고 낭비하는 폐단이 생겨난다. 그러므로 선왕[35]이 법을 만들 적에 이러한 일들을 모두 총재에게 귀속시켜 총재로 하여금 절제와 제한을 두게 하였으니, 그 사려가 원대한 것이다. 대저 인주는 높은 위치에 있으므로 인신(人臣)이 인주를 바르게 하기란 쉬운 일이 아니다. 지혜와 힘으로 인주를 잡아 놓아도 안 된다. 말로써 인주와 다투어도 안 된다. 오직 자신의 정성을 쌓아서 인주를 감동시켜야 하며, 자기 자신을 바르게 하여 인주를 바르게 만들어야 한다. 백관과 만민은 그 수가 많으므로 총재 혼자서 다스린다는 것 또한 어려운 일이다. 일일이 귀를 붙잡고 가르칠 수도 없으며, 집집마다 찾아다니면서 깨우쳐 줄 수도 없다. 오직 어진 사람과 어질지 못한 사람을 구별하여 어진 사람을 등용하고 어질지 못한 사람을 관직에서 물러나게 하면, 여러 가지 공적이 이루어지고 백관이 다스려질 것이다. 온당한 일과 온당치 못한 일을 살펴서 이를 구분하여 처리하면, 만물이 제 가질 것을 갖게 되고 만민이 편안하게 될 것이다. 송(宋)나라의 위대한 유학자 진서산(眞西山)[36]은 재상이 해야 할 일로서 "자기를 바르게 하여 인군(人君)을 바르게 하고〔격군(格君)〕, 인재를 잘 선택하고〔지인(知人)〕, 일을 잘 처리하는 것〔처사(處事)〕"이라고 하였다. 이 말은 참으로 옳다. '자신을 바르게 하여 인군을 바르게 하는 것'은 치전(治典)의 근본이며, '인재를 잘 선택하고 일을 잘 처리하는 것'은 치전에서 해야 할 일이다. 따라서 이 두 가지를 함께 논한다.[37]

35 선왕 : 주 10 참조.

36 진서산(眞西山) : 이름은 진덕수(眞德秀). 남송(南宋) 영종(寧宗 1194~1224) 때의 학자. 저서에 《대학행의(大學行義)》《사서집편(四書集編)》 등이 있음.

37 재상의 기능과 재상 제도의 변천에 관하여 정도전은 《경제문감(經濟文鑑) 상》 〈재상편(宰相篇)〉에서 자세히 논급하였다.

治典 冢宰所掌也 司徒以下 皆冢宰之屬 則教典以下 亦冢宰之職也 冢宰得其人 六典擧而百職修 故曰人主之職 在論一相 冢宰之謂也 上以承君父 下以統百官治萬民 厥職大矣 且人主之材 有昏明強弱之不同 順其美而匡其惡 獻其可而替其否 以納於大中之域 故曰相也 輔相之義也 百官異職 萬民異業 平之使不失其宜 均之使各得其所 故曰宰也 宰制之義也 至於宮闈之密 而嬪媵之進御 暬御之執役 輿馬服餙之玩食飮之供 惟冢宰得知之 冢宰重臣也 人主之所禮貌也 而身親細微之事 不其宂乎 曰非也 嬪媵暬御 本以備使令也 不謹則有邪媚之惑 輿馬衣服飮食 本以奉身也 不節則有奢華侈用之費 故先王立法 擧以此屬之冢宰 而以爲之制節限量 其慮遠矣 夫以人主之尊 人臣仰而正之 難矣哉 以智力持之不可也 以口舌爭之不可也 惟積其誠而動之 正其已而格之耳 百官萬民之衆 而以一身治之 其亦難矣 提耳而敎之 不可也 家喩而戶曉之 不可也 惟知人之賢不肖而進退之 庶績興而百官治 審事之當否而區處之物得其所而萬民安 宋大儒眞西山之論相業曰 正已格君 知人處事 旨哉言也 臣愚以謂 正已格君 乃治典之本 而知人處事 治典之所由行也 故於此并論之

2. 관제 | 官制

인군은 천공(天工)을 대신하여 천민(天民)을 다스린다. 그러나 혼자 힘으로는 할 수 없다. 이에 관(官)을 설치하고 직(職)을 나누어서 서울과 지방에 펼쳐 놓고, 널리 어질고 유능한 선비를 구하여 이를 담당하게 하는 것이다. 관제를 만드는 까닭이 여기에 있다.

우리 전하께서는 왕위에 오르자 먼저 유신에게 명령하여 역대의 제도를 연구하여 채택하고 고려 시대의 구제도를 참작하여 관부(官府)를 세우고 관부 명칭을 제정케 하였다.

관제를 제정함에 있어서는 번거롭고 쓸데없는 것을 없애어 간소하고 꼭 필요한 것만 일치하려고 하였으나, 유신의 시기를 맞이하여 모든 것을 처음부터 새로이 시작하느라고 미처 손을 대지 못한 것도 있다. 그러나 고려시대에는 군기감(軍器監)[38]이 있으면서, 또 한편으로는 방어도감(防禦都監)이 있었고, 선공감(繕工監)[39]이 있으면서 또한 조성도감(造成都監)이 있었는데 지금은 모두 혁파되었다. 이른바 도감이라고 불리던 것은 직무의 성격에 따라 본감(本監)에 귀속시키어 명(名)과 실(實)이 서로 부합하게 하였다. 내승(內乘)[40]을 혁파하여 사복시(司僕寺)[41]에 합치고, 내주(內廚)[42]를 혁파하여 사선서(司膳署)[43]에 병합한 것은 전하가 자신의 봉공을 줄이기 위한 것이었다. 내시부(內侍府)[44]와 액정서(掖庭署)[45]를 설치한 것은 유

38 군기감(軍器監) : 고려 때 병기의 제조를 맡던 관청.

39 선공감(繕工監) : 고려 · 조선 시대에 토목 · 영선을 맡아 보던 관청.

40 내승(內乘) : 고려 말기 궁중의 승여(乘輿 왕이 타는 수레)를 맡아 보던 관청.

41 사복시(司僕寺) : 고려 · 조선 때 궁중의 승여와 마정(馬正), 목장 등을 맡아 보던 관청.

42 내주(內廚) : 고려 말기 궁중의 음식을 관장하던 관청.

43 사선서(司膳署) : 고려 때 임금의 식사를 관장하던 관청.

44 내시부(內侍府) : 조선 시대의 내시부는 대전(大殿)의 음식의 감독, 명령의 전달, 대궐문의 수직(守直), 소제의 임무를 맡아 보던 관청으로 실무 담당자는 모두 환관(宦官)이 임명되었다. 고려 시대의 내시부(內侍府)도 환관으로 구성된 점에는 조선 시대와 같으나 그 직능은 자세히 알 수 없다.

45 액정서(掖庭署) : 고려의 액정국(掖庭局)을 계승한 관청으로 왕명의 전달, 임금이 쓰는 붓과 벼루의 공급, 대궐 열쇠의 보관, 대궐 뜰의 설비 등의 일을 맡아 보던 잡직(雜織) 관청이다.

품(流品)[46]과 구별하기 위한 것이다. 이러한 것들로 미루어 보면 전하가 관제를 개정한 아름다운 뜻을 알 수가 있다. 중앙에는 임금을 보필하는 관부가 있어 이를 문하부(門下府)라 하였고, 회계(會計)를 담당하는 관부를 삼사(三司), 군사를 장악하는 관부를 중추원(中樞院), 문한(文翰)을 관장하는 관부를 예문(藝文) · 춘추관(春秋館), 풍기를 주관하는 관부를 사헌부(司憲府)라고 각각 이름하였다. 육조(六曹)와 그밖에 많은 관서가 있어서 이들은 기능별로 일을 거행하는데 이들 관부의 직임의 요점은 따로 이야기하고자 한다. 지방에는 감사(監司)가 있어서 도관찰출척사(都觀察黜陟使)라고 하였고, 수령으로서 목사(牧使) · 도호부사(都護府使) · 지관(知官) · 현령(縣令) · 감무(監務)가 있었다. 감사는 풍기를 바로잡는 일을 맡고, 수령은 백성을 가까이하는 관리로서 수령이 현명하냐 그렇지 않느냐에 따라서 백성들의 행복과 불행이 좌우되는 것이다. 감사는 수령의 공정을 심사하여 공(功)이 있는 수령은 높여주고, 공이 없는 수령은 내쫓을 수가 있어서 이로써 수령을 권장하기도 하고 징벌할 수도 있다. 시종낭관(侍從郎官)[47]으로써 교대로 수령을 임용하는 것은 수령 선택을 신중히 하기 위한 것이다. 그러므로 이것을 관제의 끝에다 부기한다.

46 유품(流品) : 품계(品階)를 가진 관원 중에서 잡직(雜職)이 아닌 청류직(淸流職)을 가진 관원을 가리킨다.

47 시종낭관(侍從郎官) : 육품(六品) 이상의 참상관(參上官).

人君 代天工治天民 不可以獨力爲之也 於是 設官分職 布于中外 博求賢能之士 以共之 官制之所由作也 恭惟我殿下 卽位之初 首命儒臣 講採歷代之典 參以前朝之舊 建立官府 制其名稱 蓋欲省繁汰冗 以從簡要 而當維新之日 草創更始 未遑及也 然前朝既有軍器監 又有防禦都監 既有繕工監 又有造成都監 今皆革去 所謂都監者 以其務歸之本監 循名而責實也 革內乘 併之司僕 革內廚 併之司膳 蓋欲省自己之奉也 設內侍府掖庭署 所以別流品也 推此類觀之 殿下改正官制之美意 可得也 其內而輔相者 曰門下府 主會計者 曰三司 本兵者 曰中樞院 掌文翰者 曰藝文春秋館 主風紀者 曰司憲府 六曹及百司庶府 各因其事而擧者 隨其職任之要而別論之 外而監司 曰都觀察黜陟使 守令曰牧都護府使 知官縣令監務 蓋監司風紀之任 而守令近民之官 守令有賢否之異 而民之休戚繫焉 監司擧黜陟之典 而守令爲之勸懲焉 以侍從郎官 更迭爲之 所以重其選也 故以此 附於官制之末

3. 재상 연표 | 宰相年表

재상의 직책에 관하여는 신이 〈치전(治典)〉에서 설명하였다. 그런데 재상이 된 사람은 훌륭한 임금을 만나야 위로 도(道)를 시행하고, 아래로 백성에게 은혜를 미치며, 살아서 일신이 명예로워지고 죽어서 후세에 이름을 떨치게 된다. 그러나 임금과 신하가 서로 잘 만나기란 옛부터 어려운 일이다. 제자(帝者)[48]가 다스리던 시대에는 임금과 신하가 모두 성인(聖人)이어서 서로 의견 대립이 없이 정사를 논의하여 화락한 정치가 이루어질 수 있었다. 왕자(王者)[49]가 다스리던 시대에도 군신이 모두 현인(賢人)이어서 서로 정사에 부지런히 힘써서 융성하고 태평한 시대를 이루었다. 패자(覇者)[50]가 다스리던 시대에는 임금이 신하만 못하였으나 신하에게 전권을 맡겨서 한 시대의 공업을 이룰 수 있었다. 만약 임금의 자질이 중간 정도인 경우에는 재상만 훌륭하면 정치가 잘 되지만, 재상이 훌륭하지 못하면 정치가 어지러워진다. 예컨대 당나라 현종(玄宗)[51]은 송경(宋璟)[52]과 장구령(張九齡)[53]을 재상으로 등용하였을 때에는 '개원(開原 · 開元)'[54]의 태평한 정치를 이룩하였으나 이임보(李林甫)[55]와 양국충(楊國忠)[56]을 재상으로 등용하였을 때에는 '천보(天寶)'[57]의 화

48 제자(帝者) : 요(堯) · 순(舜)의 이제(二帝)를 가리킴.

49 왕자(王者) : 우(禹)〔하(夏)〕 · 탕(湯)〔은(殷)〕 · 문왕(文王) · 무왕(武王)〔주(周)〕 등 삼왕(三王)을 가리킴. 주(周)의 문왕(文王)과 무왕(武王)은 부자(父子)이므로 일왕(一王)으로 취급한다.

50 패자(覇者) : 춘추오패(春秋五覇). 예컨대 환공(桓公)〔제(濟)〕, 문공(文公)〔진(晋)〕, 목공(穆公)〔진(秦)〕, 양왕(襄王)〔송(宋)〕, 장왕(莊王)〔초(楚)〕. 일설에는 목(穆)과 양왕(襄王) 대신에 합려(闔閭)〔오(吳)〕와 구천(勾踐)〔월(越)〕을 들기도 함.

51 현종(玄宗) : 당(唐) 제6대 황제(皇帝). 재위 713~756.

52 종경(宗璟) : 당 현종 때의 명상(名相). 요숭(姚崇)과 더불어 현종을 도와 이른바 〈개원(開元)의 치(治)〉를 현출함.

53 장구령(張九齡) : 당(唐) 곡강인(曲江人). 상서우승상(尙書右丞相)으로 선정(善政)을 베풂.

54 개원(開原) : 당 현종의 초기 연호(713~741).

55 이임보(李林甫 ?~752) : 당 현종 때 병부상서(兵部尙書) 겸 중서령(中書令)으로서 환관 · 비빈과 결탁하여 정치를 전자(專恣)한 결과, 안사(安史)의 난(亂)을 초래함.

56 양국충(楊國忠 ?~756) : 양귀비(楊貴妃)의 재종(再從) 오빠. 현종(玄宗) 때 어사(御史)에서 재상이 되어 음종불법(淫縱不法)한 정치를 실시하다가 안녹산(安祿山)의 난 때 피살됨.

57 천보(天寶) : 당 현종의 후기 연호(742~756).

란(禍亂)[58]을 불러왔다. 아! 신하가 밝은 임금을 만나기도 진실로 어렵지만 임금이 좋은 신하를 만나기도 또한 어렵다.

지금은 바야흐로 밝은 임금과 좋은 신하가 서로 만나서 성의로써 서로 믿고 서로 힘을 모아 유신의 정치를 도모하고 있으니, 천 년이나 백 년에 한 번 맞이하는 융성한 시대인 것이다. 그래서 재상의 연표(年表)를 작성하는데, 다만 시중(侍中)으로 있던 사람만을 적는다. 동시에 총재는 여러 직책을 겸임하지만 임금의 직책은 한 사람의 재상을 간택하는 것뿐이며, 그밖에 모든 정사(政事)의 집행에는 관여하지 않는다는 것을 보여주고자 한다.

宰相之職 臣於治典論之矣 然爲宰相者得其君 然後道行於上而惠及於下 身榮於前而名顯於後 而君臣之相遇 自古以爲難也 帝者之世 君臣俱聖 故相與都俞於堂陛之上而成雍熙之化 王者之世 君臣俱賢 故相與勤勞於政事之間而致隆平之治 霸者之世 其君不及其臣 然能任之專 故亦能成一時之功 若夫中材之主 相得其人則治 不得其人則亂 如唐之玄宗相宋璟張九齡 則致開原之太平 用李林甫楊國忠 則速天寶之禍亂 噫 臣之遇君誠難 而君之遇臣亦難矣 方今明良相遇 冢意交孚 相與共圖維新之政千百年之一盛際也 於是作宰相年表 獨書侍中者 亦以見&宰之兼衆職 而人主之職 在擇一相 百執事以下不與也

58 화란(禍亂) : 안녹산의 난(755~757).

4. 관리의 임용 | 入官

천하 국가를 다스리는 요체는 인재를 등용하는 데 있다. 옛날에는 인재를 등용하는 데 있어서 먼저 인재를 기르는 데 정성을 다하고, 인재를 뽑는 데 매우 엄격하였으며, 관리로 재임하는 기간은 길었다. 인재를 기르는 데 정성스러웠기 때문에 우수한 인재가 나올 수 있었으며, 인재를 뽑는 데 엄격하고 관리로 들어가는 길이 좁았기 때문에 요행을 바라고 함부로 관리가 되려는 마음을 먹지 못하였다. 관리의 재직 기간이 길었기 때문에 현명하고 유능한 사람이 자기의 재주를 마음껏 펴서 일의 공적이 이루어질 수 있었다. 후세에는 위에 있는 사람이 가르치고 기르는 도(道)를 상실하여 인재가 양성되는 것이 그 사람의 타고난 자질의 높고 낮음에서 결정되지 못하였다. 인재를 등용함에 있어서도 혹은 임금의 사사로운 은혜에 힘입거나 혹은 높은 벼슬아치가 이끌어 주거나 혹은 병졸 가운데서 발탁되거나, 혹은 도필(刀筆)[59]의 임무를 가진 이(吏) 가운데서 나오기도 하였다. 그러나 이러한 사례는 그래도 나은 것이다. 재산을 모은 자가 뇌물을 바쳐서 관작을 구하고, 자녀를 가진 자가 혼인을 빙자하여 관작을 얻으니 어찌 인재의 선택이 있을 수 있겠는가? 관리로 들어가는 길이 또한 넓어져서 재주 없는 자들이 뒤섞여서 관직에 나아가고, 관작을 희구하는 데 싫증을 모르고 욕심을 부리며, 눈먼 사람처럼 이리저리 내달리면서 날마다 관급(官級)이 뛰어오르기만을 마음에 두고 있다. 임금이나 재상은 수많은 사람들이 다투어 관리가 되려는 마음을 이겨내지 못하여, 저 사람에게서 벼슬을 빼앗아 이 사람에게 주고, 아침에 벼슬을 주었다가 저녁에 파직하는 등 헛되이 구차하고 고식적인 방법으로 계책을 삼는 데 여가가 없으니 재직 기간이 오래되고 안 되었는지는 따질 겨를이 없었던 것이다. 비록 현명하고 지혜로운 인사가 있다 하더라도 어찌 자기의 재주를 마음껏 펴서 일의 공적을 세울 수가 있겠는가? 비유해서 말하자면 만 길이나 되는 큰 둑이 있다 하더라도, 날마다 큰물이

59 도필(刀筆) : 문자를 죽간(竹簡)에 기록하던 붓과, 틀린 글자를 깎아내던 칼. 전(轉)하여 문서를 작성하고 행정의 하급 실무를 담당하는 일을 '도필지임(刀筆之任)'이라 하고, 그러한 일을 맡은 관급리(官級吏)를 '도필지리(刀筆之吏)'라고 함.

흘러들어 오는 것을 다 받아들이지 못한다면 언젠가는 반드시 그 물이 둑을 무너뜨려서 사방으로 범람하여 마침내는 국가가 망하게 되는 것과 같다고 하겠다. 가히 한심스러운 일이라고 말할 수 있다.

과거제도만은 주(周)나라의 빈흥제도(賓興制度)[60]와 거의 뜻을 같이하는 것이다. 그러나 사장(詞章)으로써 시험하면 겉만 화려하고 실속이 없는 무리들이 끼어들게 되고, 경사(經史)로써 시험하면 오활하고 편벽되며 고루한 선비들이 간혹 나오게 된다. 이것이 수(隋) · 당(唐) 이래로 과거제도의 통폐가 되어 왔다. 우리 주상 전하께서는 즉위하신 다음에 기강을 확립하고 옛날의 제도를 본받았는데, 특히 인재등용 제도에 가장 관심을 쏟아 인재는 양성하지 않으면 안된다고 생각하였다. 그리하여 중앙에는 성균관(成均館)과 부학(部學)[61]을 설치하고, 지방에는 주군(州郡)에 향교(鄕校)를 설치하여 각기 교수와 생원을 두어 가르치게 하고 그들의 생활비를 넉넉하게 대주었다. 3년마다 한번씩 경학(經學)을 시험하여 경학의 밝기와 덕행의 수양 정도를 평가하고, 부(賦)[62] · 논(論)[63]과 대책(對策)[64]을 시험하여 문장과 경세제민(經世濟民)의 재주를 평가하니 이것이 문과(文科)이다. 장상(將相)과 대신(大臣)은 모두 백성에게 공덕이 있고, 또 그들의 자손은 가훈을 이어받아서 예의를 잘 알고 있으므로 모두 벼슬을 줄 만하다고 생각하여 문음제도(門蔭制度)를 설치하였다. 군대는 나라를 보전하기 위하여 항상 갖추고 있어야 할 것으로서, 무예를 연마하지 않으면 안 된다고 믿어 훈련관(訓鍊觀)을 설치하고 《육도(六韜)》[65] · 《삼략(三略)》[66]과 싸우는 진법(陣法)을 가르쳤다. 문서를 다루는 일, 회계를 기록하여 보고하는 일, 금곡(金穀)을 다루는 일, 토목 · 건축의 경영, 물품 조달과 손님에게 응대

60 빈흥 제도(賓興制度) : 주(周)대에 사인(士人)을 채용하던 제도. 학교의 생도 가운데에서 현능(賢能)이 뛰어난 사람을 뽑아 향음주(鄕飮酒)의 예(禮)를 거행하여 빈객으로서 나라에 천거하던 제도.

61 부학(部學) : 경성(京城)의 동 · 서 · 남 · 중(中) 사부(四部)에 세운 사부 학당.

62 부(賦) : 과문(科文)의 하나. 여섯 글자로 한 글귀를 만드는 문체.

63 논(論) : 논문(論文). 사물에 대하여 논설하는 문체의 하나.

64 대책(對策) : 정치〔시무책(時務策)〕 · 경의(經義)의 문제를 내는 과거 시험의 일종.

65 《육도(六韜)》 : 주(周)의 태공망(太公望)이 지었다고 하는 병법서〔문도(文韜) · 무도(武韜) · 용도(龍韜) · 호도(虎韜) · 표도(豹韜) · 견도(犬韜)〕.

66 《삼략(三略)》 : 한(漢)의 장량(张良)이 황석공(黃石公)에게서 받았다는 병서(兵書).

하는 예절 따위는 불가불 익혀야 한다. 그래서 이학(吏學)[67]을 설치하였다. 역(譯)은 사명(使命)을 받들어 중국과 통하기 위한 것이며, 의(醫)는 질병을 치료하여 요절을 막기 위한 것이요, 음양과 복서(卜筮)는 혐의를 해결하고 주저되는 일을 결정하기 위한 것이다. 이에 역학 · 의학 · 음양복서학을 설치하고 각기 인재를 시험 선발하는 과(科)를 두었다. 이만하면 인재를 양성함이 지극하다고 할 만하며, 인재를 선발함이 정밀하다고 하겠다. 위에 든 칠과(七科)[68]에 들지 않는 사람은 본인 자신이 벼슬길에 나아갈 수 없을 뿐만 아니라 당국자 또한 법을 가지고 이를 억제하고 있으므로 관리가 되는 길이 매우 좁다. 한편 관제를 정하여 일품(一品)에서 구품(九品)에 이르기까지 이를 다시 정(正)과 종(從)으로 나누어 18등급으로 하였으며, 매 1급(級)을 다시 2자(資)로 나누었다. 15개월의 임기가 지나면 1자(資)를 높여 주고, 30개월이 지나면 1급을 올려 주고 있으니 재직 기간이 또한 길어진 것이 아니겠는가. 그들의 재학과 도덕은 국정을 돕는 데 충분하며, 그들의 무용(武勇)과 《육도》 · 《삼략》의 병법은 삼군(三軍)을 통솔하는 데 충분하다. 임금께서 특지(特旨)를 내려 등용한 자는 자격의 구애를 받지 않게 될 것이다. 그러나 지금은 즉위 초에 당하여 모든 일이 제대로 틀이 잡혀 있지 않아서 국가에 공로를 세운 친구 가운데 아직도 관직을 받지 않은 이가 있다. 전쟁이 바야흐로 일어나고 있으므로 무사(武士)가 가장 먼저 제수되어야 할 것이다. 성법(成法)이 제대로 거행되지 않고 있어서, 뒷사람들로 하여금 성법이 있음을 알아 이를 지키도록 하고자 한다.

67 이학(吏學) : 이문학(吏文學)과는 성격이 다름.

68 칠과(七科) : 문과(文科) · 무과(武科) · 문음(門蔭) · 이과(吏科) · 역과(譯科) · 의과(醫科) · 음양복서과(陰陽卜筮科).

治天下國家之要 在於用人而已 古之用人者 養之有素 擇之甚精 所入之途狹而所居之任久 惟其養之素 故人材成 擇之精而所入之途狹 故僥倖冒進之心息 所居之任久 故賢能得以展其才而事功成 後世 上之人失其教養之道 而人才之成就 不出於天資之高下 而其進而用之也 或因君上之私恩 或因宰執之引進 或拔於行伍之中 或出於刀筆之吏 然此猶可言也 積貲資者 挾賄賂以求之 飾子女者 托婚姻以得之 何有於擇哉 而所入之途亦廣矣 非才雜進 希求無厭 貿貿棼棼 日志乎超陞 而爲君相者 亦不勝衆多爭進之心 奪彼而與此 朝拜而夕罷 徒以苟且姑息爲計 而日不給 居位之久不久 靡暇論也 雖有賢智之士 亦安得以展布其才 以成事功乎 比之萬丈之陂 日受衆水之入 而不得容焉 則其勢必毁決堤防 汎濫四出而後已 而國家隨以亡 言之可爲寒心矣 惟科擧一事 庶幾周禮賓興之意矣 然試以詞章 則浮華無實之徒 得側於其間 試以經史 則迂僻固滯之士或有焉 隋唐以來之通患也 惟我主上殿下 卽位之初 立經陳紀 動法古昔 而於用人之道 尤致意焉 謂人才不可以不養 於是內而成均部學 外而州郡鄕校 各置敎授生員 贍其廩食 三年一大比 試以經學 觀其經明行修之實 試以賦論對策 觀其文章經濟之才 此文科也 謂將相大臣 皆有功德於民 而其子孫 又承家庭之訓 知禮義之方 而皆可以從政 置門蔭 謂兵有國之常備 不可以不講 設訓鍊觀 以敎韜略戰陣之法 謂簿書期會金穀營造之事 供給應對之節 不可以不習 置吏學 譯以奉使命 通中國 醫以治疾病 濟夭札 陰陽卜筮 所以決嫌疑定猶豫 於是 置譯學醫學陰陽卜筮之學 而各有其科焉 養之可謂至 而擇之可謂精矣 其不在七科者 不惟其人不得冒進 而有司亦執法以制之 所入之途狹矣 又定官制 自一品至九品 分正從爲十八級 每一級分二資 積十五箇月 歷一資 積三十箇月 遷一級 居其任不亦久乎 其才學道德 足以裨補國政 武勇韜略 足以統率三軍 君上以特旨用之者 不在資格之拘 然當卽位之初 庶事草創 勳勞親舊 有未盡除授者 軍旅方興 介胄之士 在所當先 成法未盡擧行 故臣於此著之 俾後來知有成法 而得所持守焉

5. 서리의 임용 | 補吏

이(吏)[69]는 관부의 역(役)을 집행하는 자이다. 한(漢)나라의 서리선발(胥吏選拔) 제도는 한 가지 경서(經書) 이상에 통달한 사람을 이(吏)에 임용하였으며, 이(吏)에서 경상(卿相)과 수령(守令)이 배출된 경우가 많이 있었다.

당나라의 서리선발 제도는 한나라의 그것에는 미치지 못하였으나 시험에 의하여 선발하였기 때문에 회계를 장부에 기록하여 조정에 보고하는 일에 능숙하였고, 물품을 공급하고 응대 · 진퇴하는 예절에 익숙하여 관부가 잘 다스려졌다.

고려시대의 서리 임용법에는 두 가지 길이 있었다. 이른바 삼도감(三都監)과 삼군(三軍)의 녹사(錄事), 도평의사사(都評議使司)의 지인(知印)과 선차(宣差)는 모두 사인(士人)으로서 임용하였으며, 연리(椽吏) · 전리(典吏) · 서리(書吏) · 영리(令吏) · 사리(司吏) 따위는 각기 아문(衙門)의 높고 낮음에 따라서 배치되며 양가 자제(良家子弟)로서 충원하였다. 그러나 시험선발 제도가 없어서 본인의 자천에 의하여 서리가 되었다.

전쟁이 일어나기 시작한 뒤로는 관리로 들어가는 문호가 넓어져서 서리가 되고자 자천하는 사람들이 또한 적어졌다. 관부에서 서리를 채용하고자 하나 구하기가 어려워지자 무능하고 용렬하여 도필(刀筆)을 잡을 줄 모르는 자가 서리가 되기도 하였다. 지금 국가에서는 이조(吏曹)에 명하여 처음으로 시험선발 제도를 의논하여 정하고 본인의 가계에 흠이 없고, 율(律 법률) · 문(文 작문) · 산(算 셈)에 능통한 사람을 서리에 임용하고 있다. 법 자체는 좋으나 실제로 유능한 사람을 뽑고 안 뽑고는 주무자에게 달려 있는 것이다.

69 이(吏) : 이(吏)는 서리(胥吏) · 인리(人吏) 등으로도 불림.

吏 執官府之役者也 漢法通一經以上者 得補吏 卿相守令 多於此焉出 唐補吏之法 雖不及漢 然試之而後補之 亦能理簿書期會之數 習供給進退之節 而官府治焉 前朝補吏之法 有二途 所謂三都監 三軍錄事 都評議使司知印宣差 皆以士人爲之 曰椽吏典吏書吏令吏司吏之屬 各隨其衙門之高下 以良家子弟充之 然無試補之法 聽其自擧兵興以來 入官多門 自擧者亦少 官府求之如不得 其間猥屑庸陋不能操刀筆者 或有焉 國家始命吏曹 議試補之法 考其家世及通律文書算者 得補爲吏 法則善矣 其得人與否 在有司焉耳

6. 무관 제도 | 軍官

옛날에는 큰 나라에 삼경(三卿)[70]이 있었다. 사도(司徒)는 백성을 주관하고, 사마(司馬)는 군대를 주관하며, 사공(司空)은 토지를 주관하였다. 전쟁이 없을 때는 삼경이 각기 제 직분에 종사하였으나, 전쟁이 일어나면 삼경이 모두 출전하여 장수가 되었다. 그러므로 큰 나라의 삼군은 그 장군이 모두 경(卿)이었다. 나누었다가 합치고 분리하였다가 귀속시켰으니 선왕의 사려는 이렇듯 원대하였다. 재상은 통치하지 않는 것이 없으므로 군기(軍機)와 같이 중대한 일은 반드시 묘당(廟堂)으로 하여금 알게 하였으니 그것은 체통을 보전하기 위한 것이다. 긴 창이나 큰 칼은 진신(縉紳)[71]들이 쓸 수는 없으나, 계책을 결정하여 승리를 가져오는 것은 《육도(六韜)》·《삼략(三略)》에 능통한 사람을 기다린 뒤에야 생각할 수 있는 일이다.

우리나라에서는 당의 부병제도(府兵制度)를 현실에 맞게 변통 · 응용하여 위(衛)[72]를 설치하고 위(衛)마다 오령(五領)을 소속시켰으며, 상장군(上將軍)에서 장군(將軍), 중랑장(中郎將)에서 위정(尉正)에 이르는 무관을 의흥삼군부(義興三軍府)에서 통솔케 하였다. 재상으로 하여금 의흥삼군부와 제위(諸衛)의 판사(判事)를 맡게 하여 무거운 것이 가벼운 것을 다스리게 하고, 작은 것을 큰 것에 직속시킴으로써 체통을 엄하게 하였다. 각 도에는 절제사(節制使)를 두고, 주군(州郡)의 군사를 당번제로 서울로 오게 하여 직숙하면서 시위(侍衛)하게 하였으니, 이것은 중앙과 지방이 서로 유기적인 관계를 맺도록 하고자 하는 뜻이며, 지방 군사를 의흥삼군부(義興三軍府) 진무소(鎭撫所)에 귀속시킨 것은 중앙이 지방을 통어하고자 하는 뜻에서이다. 의흥삼군부에서 통할하는 10위(衛) · 50영(領)의 직책의 차서와 절제사 이하 진무(賑撫)와 병마(兵馬)의 칭호를 자세히 편(篇)으로서 저술하겠다.[73]

70 삼경(三卿) : 주(周)대의 세 사람의 집정 대신. 사도(司徒) · 사마(司馬) · 사공(司空).

71 진신(縉紳) : 벼슬아치의 총칭. 여기서는 유자(儒者)를 가리키는 듯하다.

72 위(衛) : 의흥삼군좌위(義興三軍左衛) · 의흥삼군우위(義興三軍右衛) · 응양위(鷹揚衛) · 금오위(金吾衛) · 좌우위(左右衛) · 신호위(神虎衛) · 흥위위(興威衛) · 비순위(備巡衛) · 천우위(千牛衛) · 감문위(監門衛).

73 여기에 관해서는 《경제문감(經濟文鑑)》 〈위병편(衛兵篇)〉에서 설명하였다.

古者 大國三卿 曰司徒主民 曰司馬主兵 曰司空主地 無事則各守其職 有事則三卿皆出爲將 故曰大國三軍 軍將皆卿也 分而合之 離而屬之 先王之慮遠矣 蓋宰相無所不統 而軍機之重 必欲使廟堂知之 所以存體統也 長槍大劍 雖非縉紳之所能操 而決策制勝 亦待深於韜略者 然後乃能料也 國家損益唐府兵之法 立十衛 每一衛率五領 自上將軍以下至將軍 自中郎將以下至尉正 統之義興三軍府 令宰相判府事 判諸衛事 以重御輕 以小屬大 體統嚴矣 每道置節制使 其州郡之兵 番上宿衛 亦內外相制之義 而屬之義興三軍府鎭撫所者 以內御外之義也 義興三軍府所統十衛五十領 職秩次第 節制使以下鎭撫兵馬之號 詳著于篇

7. 재정 관리 | 錢穀

전곡(錢穀 돈과 곡식)은 국가를 보전하는 데 있어서 항상 갖추고 있어야 하는 것으로서 생민의 목숨을 좌우하는 것이다. 그러나 이를 백성으로부터 받아들이는 데 도(道)가 없고, 이를 쓰는 데 법(法)이 없으면, 불법적인 횡령이 많아져서 민생이 괴로워지고 낭비가 커져서 국가 재정이 텅 비게 된다. 국가를 다스리는 자는 이 점을 걱정하지 않으면 안 된다. 주공(周公)[74]은 《주례(周禮)》[75]를 지어서 사도(司徒)[76]로 하여금 전곡의 수입을 관장하게 하여 그 수량을 세밀히 알게 하였으며, 총재는 그것을 지출하는 권한을 장악하여 국가 재정을 헛되이 소비하지 않도록 하였다. 그리하여 수입을 헤아려서 지출을 하는데[77] 3년마다 1년 간 쓸 수 있는 전곡을 저축하였다. 이렇게 하면 30년 뒤에는 9년 간 쓸 수 있는 전곡이 저축되어 흉년이나 전쟁이 일어나도 근심할 필요가 없어진다. 한(漢)나라에서는 대사농(大司農)으로 하여금 전곡의 수입과 지출을 맡게 하였고, 당(唐)나라에서는 탁지사(度支使)로 하여금 그것을 관장하게 하였다. 백성으로부터 받아들이는 세금이나 조운(漕運)되는 곡물의 수량, 공상(供上) · 제사(祭祀) · 연향(宴享)에 소요되는 비용, 그리고 군량미의 수요 등에 관하여 재상은 소외된 채 알지 못하였다. 이렇듯 무거운 이권을 하나의 관서에 위임하여 한 사람의 관리가 마음대로 전곡을 경영하고 여러 가지 방법으로 전곡을 수취하고 변통하였다. 그리하여 겨우 당장의 비용은 충당할 수가 있었으나, 만약 흉년이나 전쟁 등 뜻밖의 재난이 있을 때에는 국가의 창고가 텅텅

74 주공(周公) : 주(周) 문왕(文王)의 아들. 무왕(武王)의 아우. 이름은 단(旦). 무왕을 도와 주(紂)를 치고, 성왕(成王)을 도와 왕실의 기초를 세우고 제도와 예악을 정하여 주(周) 문화 발전에 가장 큰 공로를 세움.

75 《주례(周禮)》 : 《주관(周官)》 또는 《주경(周經)》이라고도 함. 주공(周公)이 지었다고 전해지기도 하고〔정현(鄭玄)의 설〕, 또는 전국 시대 유자(儒者)들이 음모(陰謀)하여 지은 책이라고도 하며〔하휴(何休)의 설〕, 또는 한(漢)의 유흠(劉歆)의 위작(僞作)이라고도 한다. 내용은 천지춘하추동의 육상(六象)에 따라 관제를 세우고 직장(職掌)을 기록하여 이를 육관(六官) 또는 육전(六典)이라고도 함.

76 사도(司徒) : 《주례(周禮)》 육관(六官) 중에서 교전(敎典)〔지관(地官)〕의 장관.

77 이것을 흔히 '양입위출(量入爲出)'의 원칙이라 하며 이 원칙은 세조(世祖) 10년에 '계출제입(計出制入)'의 원칙이 세워질 때까지 기본적인 재정 정책으로서 준수되었다.

비는 군색함을 면치 못하였으니 이 어찌 가소로운 일이 아닌가!

우리나라에서는 삼사(三司)로 하여금 전곡의 수입에 관한 일을 장악하게 하였으나 그것을 지출하는 데 있어서는 도평의사사의 명령을 받들어 집행하게 하고 있다. 이것은 주나라 제도의 정신을 이어받은 것이다. 전곡의 소재는 앞으로 그와 관련되는 직임에 따라 설명하면서 경비의 수량을 제시하고자 한다.

錢穀 蓋有國之常備 而生民之司命也 然取之無其道 用之無其法 橫斂多而民生苦 糜費廣而國用竭 有國家者 不可不慮也 周公作周禮 司徒掌錢穀之入 而周知其數 冢宰掌其所出之命 而不至於妄費 是以 量其入而以爲出 三年有一年之蓄 通計三十年 有九年之蓄 雖有凶荒軍旅之變 不以爲病也 漢以大司農掌之 唐以度支使掌之 其賦斂漕運之數 供上祭祀宴享之費 軍旅之需 爲宰相者 漫不得知 而以利權之重 付之一司一使 隨時營具 多方取辦 僅濟一時之用 如有不虞之變 未免空匱之窘 亦可笑也 國家以三司掌錢穀所入之數 而其出也 承都評議使司之命而行之 蓋有得於周官遺意者矣 其錢穀之所在 隨其任而書之 以見其經費之數焉

8. 봉작(封爵) 및 추증(追贈) 그리고 봉작의 세습 | 封爵承襲

인신(人臣)으로서 왕실에 대하여 공로를 세우고, 생민에 대하여 은택을 입힌 자는 살아 있을 때 작위(爵位)와 봉록(俸祿)을 높여 주고, 죽은 뒤에 위호(位號)를 올려 주어야 한다. 그리고 그 은혜를 더욱 확대하여 위로는 조상에 미치고 아래로는 자손에까지 미치게 한다. 이것은 공신(功臣)에 대한 보답을 무겁게 하고 대우를 지극하게 하기 위한 것이다.

전하께서는 공신을 포장(褒奬)하여 문하시중 배극렴(裵克廉) 이하 52인[78]에게 등차를 두어 상(賞)을 매기고 작위를 주었으며, 조상 3대를 추증(追贈)하고, 또한 맏아들로 하여금 그 작위를 세습하게 하였다. 판삼사사(判三司使) 윤호(尹虎)가 죽자 그에게 문하우시중의 벼슬을 특별히 추증하였다. 이 사실은《공신도감(功臣都鑑)》에 기재되어 있어서 이를 참고하여 적는 바이다.

人臣 有功在王室 澤被生民者 生則崇其爵祿 歿則加其位號 又推其恩 上及祖考 下延子孫 蓋所以報之重而厚之至也 殿下褒奬功臣 自門下侍中裵克廉以下五十有二人 以次論賞進爵 追贈三代 又令適長 世襲其爵 及判三司事尹虎卒 特贈門下右侍中 載在盟府 可考而書也

78 52명의 개국 공신의 명단은 다음과 같다.
1등 공신 〔배극렴(裵克廉) · 조준(趙浚) · 정도전(鄭道傳) · 남은(南誾) · 남재(南在) · 이제(李濟) · 이화(李和) · 정희계(鄭熙啓) · 이지란(李之蘭) · 장사길(張思吉) · 조인옥(趙仁沃) · 조박(趙璞) · 정탁(鄭擢) · 정총(鄭摠) · 오몽을(吳蒙乙) · 김사형(金士衡)〕
2등 공신 〔윤호(尹虎) · 홍길민(洪吉旼) · 유창(劉敞) · 이민도(李敏道) · 조영규(趙英圭) · 조반(趙胖) · 조온(趙溫) · 조기(趙琦) · 장담(張湛) · 정용수(鄭龍壽) · 박포(朴苞) · 정지(鄭地) · 황희석(黃希碩)〕
3등 공신 〔안경공(安景恭) · 김균(金稛) · 오사충(吳思忠) · 이직(李稷) · 이서(李舒) · 유원정(柳爰廷) · 이근(李懃) · 고여(高呂) · 조영무(趙英茂) · 이백유(李伯由) · 이부(李敷) · 김로(金輅) · 손흥종(孫興宗) · 심효생(沈孝生) · 장지화(張至和) · 함부림(咸傅霖) · 한상경(韓尙敬) · 임언충(任彦忠) · 황거정(黃居正) · 장사정(張思靖) · 한충(韓忠) · 민여익(閔汝翼)〕

二. 부전 | 賦典

1. 총서 | 摠序

부(賦)라는 것은 군국(軍國)의 수요를 총칭하는 말이다. 그러나 이를 구분해서 말한다면 나라에서 쓰는 것은 전곡(錢穀)이라 하는데, 이미 〈치전(治典)〉에서 그 출납의 방법을 자세히 설명하였다. 한편 백성으로부터 받아들이는 것은 부(賦)라 하는데, 여기에서는 부가 나오는 세목에 대하여 설명하고자 한다. 이른바 주군(州郡)과 판적(版籍 호적)은 부가 나오는 곳이다. 경리(經理)는 부를 다스리는 것이다. 농상(農桑)은 부의 근본이다. 부세(賦稅)는 부를 바치는 것이다. 조운(漕運)은 부를 수송하는 것이다. 염(鹽) · 철(鐵) · 산장(山場 산림) · 수량(水梁 어업) · 공장세(工匠稅) · 상세(商稅) · 선세(船稅)는 부의 보조이다. 이른바 상공(上供) · 국용(國用) · 녹봉(祿俸) · 군자(軍資) · 의창(義倉) · 혜민전약국(惠民典藥局)은 부의 쓰임이다. 견면(蠲免)은 부를 덜어주는 것이다. 부의 소출을 안다면 민생은 풍족해져야 하고, 주군은 다스려져야 하고, 판적은 자세해져야 한다. 부의 제도를 안다면 경리는 불가불 올바르게 되어야 한다. 부의 수송을 안다면 백성들의 힘이 피곤해져서는 안 되며, 조운이 강구되어야 한다. 부의 근본을 안다면 농상은 중요시되어야 한다. 부의 보조를 안다면 과세법이 세워져야 한다. 부의 소용을 안다면 부의 출납이 조절되어야 한다. 부의 완화를 안다면 백성들의 재산을 몽땅 받아가서는 안 된다. 그러나 토지가 있고 인민이 있은 뒤에 부(賦)를 얻을 수 있으며, 덕(德)이 있은 뒤에 그 부를 지킬 수 있는 것이다. 《대학(大學)》[79]의 전(傳)에 이런 말이 있다.

"덕(德)이 있으면 그에 따라 인민이 생기고, 인민이 생기면 그에 따라 토지가 생기고, 토지가 생기면 그에 따라 재물이 생기고, 재물이 생기면 그에 따라 용도가 생

79 《대학(大學)》 : 원래 《예기(禮記)》의 한 편. 송(宋) 이후 사서(四書)의 하나로 함. 저자는 증자(曾子)라고 하나 미상. 주자(朱子)가 경(經) 1장 전(傳) 10장으로 나누어 주석한 것을 《대학장구(大學章句)》라 함.

긴다."[80] 따라서 신(臣)은 덕으로써 부전(賦典)의 근본을 삼는다.

賦者 軍國所需之摠名也 分而言之 則用之於國曰錢穀 故治典論出納之節甚詳 取之於民曰賦 故於此論其所出之目 曰州郡 曰版籍 賦之出也 曰經理 賦之制也 曰農桑 賦之本也 曰賦稅 賦之貢也 曰漕運 賦之輸也 曰鹽鐵 山場水梁 曰工商船稅 賦之助也 曰上供 曰國用 曰祿俸 曰軍資 曰義倉 曰惠民典藥局 賦之用也 曰蠲免 賦之寬也 知賦之所出 則民生不可不厚 而州郡不可不治也 版籍不可不詳也 知賦之所制 則經理不可不正也 知賦之所輸 則民力不可困 而漕運不可不講也 知賦之所本 則農桑不可不重也 知賦之所助 則課程不可不立也 知賦之所用 則出納不可不節也 知賦之所寬 則民財不可盡取也 然有土有人 然後可以得其賦 有德然後 可以保其賦 大學之傳曰 有德此有人 有人此有土 有土此有財 有財此有用 臣故以德爲賦典之本焉

80 《대학(大學)》〈십장(十章)〉 석치국평천하(釋治國平天下).

2. 주군 〔지방편제〕 | 州郡

경읍(京邑)은 사방의 근본이다. 경읍에 인접해 있는 군은 부역(賦役)을 바치고 왕실을 시위하는 곳으로서 경읍을 보좌하는 땅이다. 멀리 떨어져 있는 주군(州郡)은 별처럼 펼쳐져 있고 바둑처럼 늘어서서, 모두 노동력을 바쳐서 공역(功役)을 담당하며 부(賦)를 내어서 공공 비용을 부담하는 곳이니 왕실의 울타리가 아님이 없다. 우리나라에서는 고려시대의 구제도를 이어받았으나 이를 현실에 맞게 조정하였다. 경기(京畿)는 좌도와 우도로 나누었으며, 그 남쪽을 양광도(楊廣道)라 하고, 그 바깥쪽을 경상(慶尙)·전라도(全羅道)라 하였다. 나라의 서쪽은 서해도(西海道)라 하고, 동쪽은 교주(交州)·강릉도(江陵道)〔생각건대 교주도와 강릉도는 영동과 영서 지방이다〕라 하였다. 도에는 감사(監司)를 두어 이를 도관찰출척사(都觀察黜陟使)라 하였다. 동북 지방은 동북면이라 하고, 서북 지방은 서북면이라 하였으며, 여기에도 감사를 두어 도순문사(都巡問使)라 하였다. 그들은 교화를 널리 펴고, 전곡(錢穀 재정)·형명(刑名 사법·경찰)·병마(兵馬 군사)에 관한 일을 총괄적으로 다스렸다. 도 밑의 주(州)·부(府)·군(郡)·현(縣)에는 각각 수령(守令)을 두었다. 강토가 질서정연하게 정제되고 왕의 교화가 수행됨을 볼 수 있다.

京邑 四方之本也 股肱之郡 供賦役衛王室 京邑之輔也 遠而州郡星羅碁布 皆出其力以供公役 出其賦以供公用 無非王室之藩屏也 國家因前朝王氏之舊 而有所沿革 京畿分左右道 國之南曰楊廣道 其外曰慶尙全羅道 西爲西海道 東爲交州江陵道〔按 交州江陵道卽嶺東西地〕 置監司曰都觀察黜陟使 東北爲東北面 西北爲西北面 置監司曰都巡問使 以宣敎化 以摠錢穀刑名兵馬之事 其州府郡縣 各置守令焉 可見其疆理之整齊 而王化之攸行也

3. 판적〔호적〕| 版籍

나라의 빈부는 백성이 많고 적음에 달려 있고, 부역(賦役 세금과 군역)의 균등은 인구의 수효를 세밀하게 파악하는 데 달려 있다. 그러므로 백성을 통치하는 직책을 맡은 사람은 백성을 휴양시키고 생식시켜 인구를 번창하게 해야 하며, 온 사람들을 위로하고, 모인 사람들을 편안하게 하여 삶을 돌보아 주어야 한다. 이렇게 하면 백성이 많아지게 될 것이다. 백성의 호구(戶口)를 등록하여 그 늘어난 것과 줄어든 것을 살피면 백성의 수효를 세밀히 파악할 수 있을 것이다. 인구를 조사하고 장정(壯丁)을 계산하여 부역을 부과하면 부역이 균등해질 것이다. 따라서 위로는 일이 성취되고 아래에서는 시끄러운 일이 일어나지 않을 것이며, 나라는 부유해지고 백성은 편안하게 될 것이다.

고려왕조 말기에는 백성들의 재산을 다스릴 줄 모르고 백성을 휴양시키는 길을 잃어서 인구가 번식하지 못하였으며, 백성을 편안하게 하는 방도를 알지 못하여 굶주림과 추위에 죽는 경우도 있었다. 호구는 나날이 줄어들고 현재 살아 있는 사람들도 부역의 번거로움을 이기지 못하여 힘세고 부유한 집에 억지로 들어가거나 권세가에 몸을 의탁하기도 하였다. 그밖에 수공업이나 상업을 하기도 하고 혹은 도망하여 중〔승려〕이 되기도 하여 전 인구의 10분의 5, 6은 호적에서 빠져 나갔다. 공노비와 사노비, 사원(寺院)의 노비가 된 사람은 여기에 포함시키지도 않았다. 다행히 호적에 올라 있는 백성들도 또한 가장(家長)이 숨겨 두거나 간사한 관리가 빼앗아 점유하여 한 호(戶)의 가족이 모두가 호적에 올라 있는 것은 아니었다. 이러고서야 백성의 수효를 어찌 세밀히 파악할 수가 있으며, 부역이 어찌 균등해질 수가 있겠는가? 만일 백성으로부터 부역을 징발할 일이 생기면, 기한을 각박하게 하여 백성을 치고 때리면서 몰아세우니 일은 이루어지지 않고, 백성은 부역의 번거롭고 소란스러움을 견디지 못하니, 나라는 더욱 가난해지고 백성은 더욱 괴로움을 당하게 되었다. 우리 전하께서는 즉위하자 해당 관청에 명령하여 백성을 편안하게 할 방도를 강구하게 하고, 중외에 교(教)를 내리어 백성의 호구를 등록케 하여 가호(家戶)와 인구(人口)가 얼마인가를 파악하게 하시니 참으로 정치의 근본을 알고 있다고 말할 수 있겠다. 그러나 이 일을 담당한 관리들의 능력에 차이가 있어 한결같지 않으므로 이를 받들어 실현하는 데 불충분한 점이 있으니 어찌 호구를 빠뜨림이 없겠는가. 그러나 이를 봉행하는 기간이 길어지면 호구를 세밀하게 파악할 수 있게 될 것이다.

대개 임금은 나라에 의존하며, 나라는 백성에 의존하는 것이다. 백성이란 나라의 근본인 동시에 임금의 하늘이다. 그러므로 《주례(周禮)》에서는 백성의 호구수(戶口數)를 왕에게 바칠 때에는 왕이 절을 하면서 받았으니, 이것은 자기의 하늘을 존중하는 까닭이었다. 임금이 된 사람이 이러한 뜻을 안다면 백성을 사랑함이 지극해야 할 것이다. 그러므로 신은 〈판적편(版籍篇)〉을 지으면서 애민(愛民)을 함께 강조하는 바이다.

國之貧富 在民之衆寡 賦役之均 在民數之周 故任民牧之職者 休養生息 以蕃其類 勞來安集 以保其居 民可庶也 籍其戶口 稽其登耗 民可數也 驗口計丁 科其差斂 賦役可均也 夫如是 事集於上而下不擾 國富而民安也 前朝之季 不知制民之產 休養失其道 而生齒不息 安集無其方 而或死於飢寒 戶口日就於耗損 其有見存者 不勝賦役之煩 折而入於豪富之家 托於權要之勢 或作工商 或逃浮圖 固已失其十五六 而其爲公私寺院之奴婢者 亦不在其數焉 幸而號爲編民者 又以家長之所容隱 姦吏之所占挾 一戶之口 不盡付籍 民數可得而周乎 賦役奚由而均乎 一有徵斂之事 期限刻迫 捶撻隨之 事未及集 民不勝其煩擾 國益貧而民益苦也 惟我殿下初卽位 命有司講求便民之方 敎于中外 籍其數 得戶幾口幾 可謂知爲政之本矣 然有司之才否不同 奉行或有未至者 其間豈無脫漏之數 而行之歲月之久 則可周也 蓋君依於國 國依於民 民者 國之本而君之天 故周禮獻民數於王 王拜而受之 所以重其天也 爲人君者知此義 則其所以愛民者 不可不至矣 故臣著版籍之篇而倂論之

4. 경리〔토지제도〕| 經理

옛날[81]에는 토지를 국가에서 소유하여 이를 백성에게 주었다. 백성이 경작하는 토지는 모두 국가에서 받은 것이다. 천하의 백성으로서 토지를 받지 않은 사람이 없고 경작하지 않는 사람이 없었다. 따라서 백성은 빈부나 강약의 차이가 그다지 심하지 않았으며, 토지에서의 소출이 공가(公家 국가)에 들어갔기 때문에 나라도 역시 부유하였다.

토지제도가 붕괴되면서 호강자(豪强者)가 남의 토지를 겸병하여 부자는 밭고랑이 서로 줄을 잇댈 만큼 토지가 많아지고 가난한 자는 송곳 꽂을 땅도 갖지 못하게 되어 부자의 땅을 차경(借耕 빌려서 경작)하게 되었다. 그러나 가난한 자는 1년 내내 부지런하고 고생스럽게 농사를 지어도 식량은 오히려 부족하였고, 부자는 편안히 앉아서 농사를 짓지 아니하고 용전인(傭佃人)을 시켜서 농사를 지어 그 소출의 태반을 빼앗아 먹었다. 국가에서는 팔짱을 끼고 구경만 하고서 그 이득을 차지하지 못하니 백성은 더욱 곤궁해지고 나라는 더욱 가난해졌다. 이에 한전제(限田制)나 균전제(均田制)를 시행하자는 논의가 일어났다. 이것은 고식책(姑息策)에 지나지 않는 것이었으나, 백성의 토지를 다스려서 이를 백성에게 주어 경작하게 하는 것이었다. 당(唐)나라의 영업(永業) · 구분전(口分田)〔생각건대 당나라의 수전(授田) 제도는 1부(夫)가 1경(頃)의 토지를 받아서 그중의 80무(畝)는 구분전(口分田)으로 하고, 나머지 20무(畝)는 영업전(營業田)으로 하였다〕도 또한 인구 비례로 토지를 지급하여 이를 자경(自耕)하게 하고, 전조(田租)를 받아서 국가의 비용으로 충당하였다. 그러나 식자들은 그 토지 제도가 바르지 못했음을 비난하였다.

고려왕조의 토지제도는 묘예전(苗裔田) · 역분전(役分田) · 공음전(功蔭田) · 등과전(登科田)〔생각건대 고려의 토지제도는 당나라 제도를 모방하여 전대 국왕의 후손에게 묘예전을 분급하고, 관계(官階)의 높고 낮음에 관계없이 인품에 따라서 역

81 중국의 고대, 즉 당우삼대(唐虞三代)를 가리킴.

분전을 주고, 공신 및 투화인(投化人)에게 공음전(功蔭田)[82]을, 과거 합격자에게 등과전을 별사(別賜)하였다〕· 군전(軍田)[83] · 한인전(閑人田)[84]이 있어서 그 전조(田租)를 받아먹게 하였다. 그런데 일반 백성이 경작하는 경우에는 스스로 개간하고, 개간한 토지를 스스로 점유해도 이를 허락하고 국가에서 간섭하지 아니하였다. 그리하여 노동력이 큰 자는 개간하는 땅이 넓고, 세력이 강한 자는 점유하는 땅이 많았다. 그러니 힘이 약한 자는 세력이 강하고 힘이 센 자의 토지를 따라가서 이를 차경(借耕)하여 소출의 반을 나누어 먹었다. 이것은 경작하는 사람은 하나인데 먹는 사람은 두 사람이 되는 셈이다. 그러니 부자는 더욱 부유해지고 가난한 자는 더욱 가난해졌다. 가난한 사람은 마침내는 스스로 살아갈 수가 없어서 농토를 버리고 직업이 없이 떠돌아다니거나 직업을 바꾸어 말업(末業)[85]에 종사하기도 하였으며, 심한 경우에는 도적이 되기도 하였다. 아! 그 폐단을 어찌 이루 다 말할 수 있으랴! 토지제도의 문란이 더욱 심해지면서 세력가들은 서로 토지를 빼앗아서, 한 사람이 경작하는 토지의 주인이 혹은 7, 8명에 이르는 경우도 있었다. 전조(田租)를 바칠 때가 되면, 전조를 받으러 온 사람과 마필(馬匹)을 접대하랴, 청을 들어 강제로 물건을 사들이랴, 노자를 내랴, 조운가(漕運價)를 부담하랴, 이러한 것들이 전조의 부담보다도 배나 더 되었다. 상하가 서로 이(利)를 다투고, 일어나 힘을 다투면서 서로 빼앗으니 화란(禍亂)이 이에 따라 일어나게 되고, 마침내는 나라가 망하기에 이르렀던 것이다.

82 공음전(功蔭田) : 고려 경종(景宗) 때에 개국 공신 및 귀순한 성주 등에게 훈전(勳田)을 주어 이를 공음전(功蔭田)이라고도 하였다. 그 후 문종(文宗) 때에 제정된 공음전(功蔭田)은 5품 이상의 관리에게 지급된 것으로 초기의 공음전(功蔭田)과는 성격이 다르다.

83 군전(軍田) : 군인에게 지급된 토지.

84 한인전(閑人田) : 한인(閑人)에게 지급된 토지. 한인의 성격에 대하여는 첫째, 토호 출신의 무사로 보는 견해〔백남운(白南雲) 설〕, 둘째, 군인이 될 자격이 있으면서 군직(軍職)을 갖지 않은 사람, 또는 귀휴(歸休) 군인으로 보는 견해〔스에마쓰(末松保和) 설〕, 셋째, 6품 이하의 향직자(鄕職者)를 표본으로 하는 보조적 · 예비역적인 군사 요원으로 보는 견해〔천관우(千寬宇) 설〕, 넷째, 6품 이하의 관리(官吏)의 자녀〔남자만〕로 보는 견해〔이우성(李佑成) 설〕 등 여러 학설이 구구하다.

85 말업(末業) : 상업이나 수공업. 산업의 기본이 되는 농업을 본업(本業)이라 하는 데 대하여 공상은 지엽적 · 부차적인 업이라는 뜻에서 말업(末業)이라 함.

전하께서는 왕위에 오르기 전에 친히 그 폐단을 보고 개탄스럽게 여기어 사전(私田)을 혁파하는 일을 자기의 소임으로 정하였다. 그리하여 경내의 토지를 모두 몰수하여 국가에 귀속시킨 다음에 민구(民口)를 헤아려서 토지를 나누어 줌으로써 옛날의 올바른 토지제도를 부활시키려 하였다. 그러나 당시의 구가세족(舊家世族)들은 토지제도의 개혁이 자기들에게 불편하였기 때문에 입을 모아 비방하고 원망하면서 여러 가지로 방해하였다. 그리하여 이 백성들이 지극한 선정의 혜택을 입지 못하게 하였으니 어찌 한탄스러운 일이 아니겠는가. 그러나 두세 명의 뜻을 같이하는 대신들과 더불어 앞 시대의 제도를 연구하고 오늘의 현실에 알맞게 조정하여 전제개혁을 단행하였다. 먼저 경내의 토지를 조사 · 측량하고, 그렇게 하여 파악된 토지를 결수(結數)로 계산하여 그 중의 얼마를 상공전(上供田)[86] · 국용전(國用田)[87] · 군자전(軍資田)[88] · 문무역과전(文武役科田)[89]으로 나누어 주고, 또 한량(閑良)[90]으로서 경성에 거주하면서 왕실을 시위하는 자, 과부로서 수절하는 여자[91], 향(鄕) · 역(驛) · 진(津) · 도(渡)의 이(吏), 그리고 서민과 공장(工匠)에 이르기까지 무릇 공역(公役)을 담당하는 자에게는 모두 토지를 지급하였다. 백성에 대한 토지의 분배가 비록 옛 사람의 그것에는 미치지 못하였으나 토지제도가 정제되어 한 시대

86 상공전(上供田) : 왕실 비용에 충당하기 위하여 지급된 토지.

87 국용전(國用田) : 국가의 제사 · 빈객 · 사냥 · 상장 · 흉년 등 공공 비용에 필요한 재원을 마련하기 위하여 지급된 토지.

88 군자전(軍資田) : 군량(軍粮)에 충당하기 위하여 지급된 토지.

89 문무역과전(文武役科田) : 소위 과전 중에서 현직 문무 관리에게 18과로 나누어 지급한 토지.

90 한량(閑良) : 조선 후기의 한량과 여말선초의 한량은 그 성격이 다르다. 조선 후기의 한량은 첫째, 호반 출신으로 아직 무과에 급제하지 못한 사람, 둘째, 잡과 및 무과 응시자, 셋째, 돈 잘 쓰고 만판 놀기만 하는 사람을 말한다. 그러나 여말선초 한량은 첫째, 관인(官人)으로서 직사(職事)가 없는 사람들, 예컨대 검교관(檢校官) · 첨설관(添設官) 등과, 둘째, 퇴직관리 즉 전함관(前銜官), 그리고 셋째, 군역(軍役)을 지고 있지 않은 양인(良人) 장정을 의미한다. 과전법(科田法)에서 토지를 받은 한량은 첫째와 둘째며 셋째는 제외되었다. 한량이 받은 토지에는 두 종류가 있다. 경성에 상주하면서 왕실을 시위(侍衛), 구체적으로는 삼군도총제부(三軍都摠制府)에 소속되어서 숙위(宿衛)하는 자에게는 과전(科田)이, 그리고 외방(外方)에 거주하는 자에게는 군전(軍田)이 지급되었다〔한영우(韓永愚) 설〕. 한편, 한량을 지방에 세력 기반을 둔 전함품관(前銜品官) 및 그 신분에 속하는 자로 보고, 한량은 군전(軍田)만을 받았다고 보는 견해도 있다〔천관우(千寬宇) 설〕.

91 수신전(守信田).

의 전법(典法)이 되었으니 전조(前朝)의 문란한 제도에 비하면 어찌 만 배나 좋아진 것이 아니겠는가.

古者 田在於官而授之民 民之所耕者 皆其所授之田 天下之民 無不受田者 無不耕者 故貧富強弱 不甚相過 而其田之所出 皆入於公家 而國亦富 自田制之壞 豪強得以兼并 而富者田連阡陌 貧者無立錐之地 借耕富人之田 終歲勤苦 而食反不足 富者安坐不耕 役使傭佃之人 而食其太半之入 公家拱手環視 而莫得其利 民益苦而國益貧 於是限田均田之說興焉 是則不過姑息之計 然亦治民之田 授以耕之耳 唐永業 口分之田〔按唐授田之制 一夫受田一頃 其八十畝 爲口分 二十畝 爲永業〕亦計口授田 使自耕之 以其租爲公家之用 然識者譏其田制之未正也 前朝田制 有苗裔田役分田功蔭田登科田〔按 高麗田制倣唐制 而苗裔田分給前代國王後 役分田不論實階 定以人品 功蔭田 賜功臣及投化人 登科田登科人別賜〕軍田閑人田 以食其田租之入 而民之所耕 則聽其自墾自占 而官不之治 力多者墾之廣 勢強者占之多 而無力而弱者 又從強有力者借之耕 分其所出之半 是耕之者一而食之者二 富者益富而貧者益貧 至無以自存 去而爲游手 轉而爲末業 甚而爲盜賊 嗚呼 其弊有不勝言者 及其法壞之益甚 勢力之家 互相兼并 一人所耕之田 其主或至於七八 而當輸租之時 人馬之供億 求請抑買之物 行脚之錢 漕運之價 固亦不啻倍蓰於其租之數 上下交征起 而鬪力以爭奪之 而禍亂隨以興 卒至亡國而後已 殿下在潛邸 親見其弊 慨然以革私田爲己任 蓋欲盡取境內之田 屬之公家 計民授田 以復古者田制之正 而當時舊家世族 以其不便於己 交口謗怨 多方沮毀 而使斯民不得蒙至治之澤 可勝歎哉 然與二三大臣之同志者 講求前代之法 參酌今日之宜 打量境內之田 得田以結計者 幾分上供之田 國用軍資之田 文武役科之田 而閑良之居京城衛王室者 寡婦之守節者 郷驛津渡之吏 以至庶民工匠 苟執公役者 亦皆有田 其授民以田 雖不及於古人 而整齊田法 以爲一代之典 下視前朝之弊法 豈不萬萬哉

5. 농상 〔농사와 양잠〕 | 農桑

농사(農事)와 양잠(養蠶)은 의식(衣食)의 근본으로서 왕도정치의 첫째가 되는 것이다. 우리나라에서는 중앙에 사농(司農), 지방에 권농관(勸農官)을 두어 백성들의 부지런함과 게으름을 조사케 하여 부지런한 자를 장려하고 게으른 자를 징계하였다. 한편 풍기를 맡은 관리로 하여금 그들의 직책 수행 여부를 조사하게 하여 잘하는 사람은 승진시키고 잘못하는 사람은 폐출시키고 있다. 전하께서는 여러 차례 윤음(綸音)을 내리어 농업과 양잠의 장려를 으뜸으로 삼는 것을 강조함으로써 의식의 근본을 돈독하게 하고 충실을 기하였다. 장차 의식생활이 풍족해져서 염치를 알게 될 것이요, 창름(倉廩)이 가득 차서 예의가 진흥될 것이며[92], 태평스런 왕업이 이룩될 것이다.

農桑 衣食之本 王政之所先 國家內而司農 外而勸農 使驗民之勤惰而勸懲之 風紀之司 察其職之稱否而黜陟之 殿下屢降德音 必以勸農桑爲首 敦其本而取其實也 將見衣食足而知廉恥 倉廩實而禮義興 太平之業 基於此矣

92 의식 생활 내지 경제 생활이 안정되어야 예의나 염치 등 윤리 도덕이 진흥될 수 있다는 견해는 《관자(管子)》·《맹자(孟子)》 등에 보인다. 《관자》 〈목민편(牧民篇)〉에 "倉廩實, 則知禮節, 衣食足, 則知榮辱"이라 보인다.

6. 부세〔조세제도〕| 賦稅

《맹자(孟子)》에 이런 말이 있다. "야인(野人)이 없으면 군자(君子)를 부양할 수가 없고, 군자가 없으면 야인을 다스릴 수가 없다."[93] 그러나 옛날의 성인(聖人)이 부세법(賦稅法)을 만든 것은 다만 백성으로부터 세금을 받아들여 자기를 봉양하려고 한 것은 아니었다. 백성들이 서로 모여 살게 되면, 겉으로는 음식과 의복에 대한 욕심이 일어나고, 마음속으로는 남녀 간의 욕정이 일어난다. 이런 욕망이 추해지면 서로 다투게 되고, 힘이 맞설만 하면 서로 싸움을 하게 되어 서로 죽이기까지 하는 것이다. 백성의 어른 된 사람은 법을 집행하여 백성을 다스려서 다투는 자와 싸우는 자를 평화롭게 해 주어야 민생이 편안해지는 것이다. 그러나 백성을 다스리는 일은 농사를 지으면서 병행할 수는 없는 것이다. 그래서 백성은 10분의 1을 세(稅)로 바쳐서 백성의 어른〔통치자〕을 부양하는 것이다. 통치자가 백성으로부터 수취하는 것이 큰만큼 통치자가 자기를 부양해 주는 백성에 대한 보답도 또한 무거운 것이다. 후세 사람들은 부세제도의 뜻이 이러한 것을 모르고 "백성들이 나를 공양하는 것은 나의 직분상 당연한 것이다"고 말한다. 그리하여 가렴주구를 자행하면서도 오히려 부족하다고 걱정하는데 백성들이 또한 이를 본받아서 서로 일어나 다투고 싸우니 화란이 일어나지 않을 수 없었다. 선왕(先王)이 부세법을 세운 것은 천리(天理)이지만, 후세 사람들이 부세에 폐단을 일으키는 것은 인욕(人欲) 때문이다. 회계를 맡은 벼슬아치로서 부세를 다스리는 자는 마땅히 인욕을 억제하고 천리를 따를 것을 생각해야 옳은 일이다.

우리나라의 부세법은 조(租)는 토지에서 거두어들이고, 이른바 상요(常搖)와 잡

93 《맹자(孟子)》〈등문공(滕文公)〔上〕 등문공문위국장(滕文公文爲國章)〉. 《맹자》에는 "군자(君子)가 없으면 야인(野人)을 다스릴 수가 없고, 야인이 없으면 군자를 부양할 수가 없다"〔無君子, 莫治野人, 無野人, 莫養君子〕라 하였다. 정도전은 이 구절을 인용함에 있어서 순서를 뒤바꾸었다. 또한 《맹자》〈등문공(滕文公)〔上〕 신농지 언자허행장(神農之 言者許行章)〉에는 이와 비슷한 이야기로서 "마음을 수고롭게 하는 자는 사람을 다스리고, 근력(筋力)을 수고롭게 하는 자는 남에 의하여 다스림을 받는다. 남에 의하여 다스림을 받는 자는 남을 먹이고, 사람을 다스리는 자는 남에 의지하여 먹는다. 이것이 천하의 통의(通義)이다"〔勞心者治人, 勞力者治於人, 治於人者食人, 治人者食於人, 天下之通義也〕라고 하였다.

공(雜貢)은 지방에 따라서 토산품을 관부에 바치게 하였는데, 이것은 당나라의 조(租)·용(庸)·조(調)[94]의 정신을 계승한 것이다. 전하께서는 일찍부터 부세가 너무 무거워서 우리 백성들이 곤란을 당하고 있는 것을 염려하여, 이에 해당 관청에 명령하여 전부(田賦)〔田租〕를 개정하고, 상요와 잡공을 자세히 정하여 거의 중정(中正)의 길을 얻게 되었다. 그런데 조(租)로 말하면, 토지가 개간되어 있는가, 황폐되어 있는가, 그리고 토지에서의 소출이 얼마인가를 조사하여 계산할 수 있으나, 상요와 잡공은 다만 관부에 바치는 액수만 정하여 놓았을 뿐, 집집마다 무슨 물건을 얼마만큼 조(調)로써 내어야 하는지, 또 장정(壯丁)마다 무슨 물건을 얼마만큼 용(庸)으로써 바쳐야 한다는 것이 분명히 명시되어 있지 않았다. 따라서 관리들이 이러한 약점을 이용하여 속임수를 써서 백성들로부터 상요와 잡공을 제멋대로 약탈하였기 때문에 백성들은 더욱 곤궁해지고, 부유하고 힘센 집은 여러 가지 방법으로 상요와 잡공을 회피하여 국가의 재용(財用)은 도리어 부족해지고 있다. 전하께서 백성을 사랑하는 마음에서 세워 놓은 부세법의 뜻을 반드시 강구해야 할 것이니, 이는 해당 관리의 책임에 속하는 것이다. 바라건대 무사하고 한가한 시기를 맞이하여 부세법을 강구하여 실행해야 할 것이다.

94 조(租)·용(庸)·조(調) : 당(唐)대의 3종의 징세법. 토지로부터 거둬들이는 세를 조(租)〔곡물〕, 민(民)을 인부로서 공역에 역사시키는 것을 용(庸)〔노동력 또는 물납(物納)〕, 가업(家業)〔가호(家戶)〕에 부과하는 것을 조(調)〔토산물〕라 하였다.

孟子曰 無野人 莫養君子 無君子 莫治野人 古之聖人 立賦稅之法 非徒取民以自奉 民之相聚也 飮食衣服之欲攻乎外 男女之欲攻乎內 在醜則爭之 力敵則鬪之 以至於相殘 爲人上者 執法以治之 使爭者平 鬪者和 而後民生安焉 然不可耕且爲也 則民之出乎什一 以養其上 其取直也大 而上之所以報其養者亦重矣 後之人 不知立法之義 乃曰民之供我者 乃其職分之當然也 聚斂掊克 猶恐不勝 而民亦效之 起而爭奪 禍亂生焉 蓋先王所以立其法者 天理也 後世所以作其弊者 人欲也 才臣計吏之治賦稅者 當思遏人欲而存天理可也 國家賦稅之法 租則一出於田 而所謂常徭雜貢者 隨其地之所出而納之官府 蓋唐租庸調之遺意也 殿下尙慮賦稅之重 有以困吾民 爰命攸司 改正田賦 詳定常徭雜貢 庶幾得中正之道 然租則驗其田之開荒 所出之數可稽 其常徭雜貢者 但定其官府所納之數 不分言其有戶則出某物爲調 有身則出某物爲庸 吏因緣爲姦 濫徵橫斂 而民益困 豪富之家 多方規避 而用反不足 殿下愛民定賦之意 不得下究 有司之責也 幸當無事閒暇之時 講而行之可也

7. 조운 | 漕運

옛날에는 천자와 제후들이 모두 기내(畿內)에서 바치는 부(賦)로써 생활하였다. 그래서 조운(漕運)으로써 운반하는 거리가 멀어도 500리를 넘지 않았고, 가까우면 50리를 넘지 않았으며 백성들의 노력이 피곤한 지경에 이르지 않았다. 진(秦)과 한(漢) 이래로 천하를 군현제도로 편제하면서 천하에서 나오는 부(賦)를 모두 천자의 도읍으로 운반하게 되어 수송하는 거리가 지극히 멀어지고 운송하는 곡식도 지극히 많아져서 백성들의 힘이 피곤해졌던 것이다. 이렇게 되자 조운 문제가 시급한 과제로 등장하여 조운제도를 자세히 강구하였으나 백성들의 힘이 피곤해진 것은 여전하였다.

우리나라는 삼면이 바다로 둘러싸여 있고, 내륙에도 큰 강이 흐르고 있어서 강과 바다를 이용하여 조운의 방법을 쓰면 백성들의 노력을 크게 줄일 수 있었다. 그런데 왜구가 들어와서 소란을 피우게 되면서 연해 지방의 주군(州郡)에서는 수로를 버리고 육로를 택하게 되어 험악한 산골짜기를 거쳐야 할 뿐 아니라 가을철에는 장마, 겨울철에는 폭설로 인부가 피곤하여 쓰러지고 우마(牛馬)가 넘어지는 등 백성들의 고생이 말할 수 없이 커졌다.

전하께서 즉위한 뒤로 주무관에게 명하여 전함(戰艦)을 수리하고 수졸(戍卒)을 늘려서 바다에서의 공격과 육지에서의 방어를 강화한 결과, 왜구가 앞으로 나아가도 약탈을 할 수가 없고 뒤로 물러가도 얻는 것이 없어졌다. 그리하여 왜구는 마침내 멀리 달아나 버리고 해운이 트여 육로 수송을 하는 내륙 지방의 주군(州郡)이 아무리 멀어도 4, 5백 리만 가면 강에 닿을 수 있게 되어 백성들의 노력이 절감되고 나라 재정이 풍족해졌다. 그러나 관리가 현명하지 못하여 일을 처리하는 과정에 조금이라도 합리성을 잃게 된다면 폐해가 생기게 되는 것이니 불가불 유의하지 않으면 안 될 것이다.

古者 天子諸侯 皆享畿內之賦 故漕運之所責入 遠不過五百里 近不過五十里 民力不至於困 秦漢以來 郡縣天下 而其所出之賦 輸之天子之都 道里至遠 運粟至多 而民力困 於是 以漕運爲急務 而講求其法甚詳 而民力之困猶是也 國家三邊濱海 內有大江漕運由之 民力可省 自倭寇作耗 沿海州郡 舍水而陸 崖險谷隘 秋潦冬雪 人夫疲頓牛馬顚踣 民甚苦之 殿下卽位 命有司 修戰艦 增戍卒 水攻陸守 倭寇進不得掠 退無所獲 於是 遠遁而海運通 陸輸州郡 遠者不過四五百里而達于江 民力省而國用裕 然吏不得人 措置之方 小失其宜 則害隨以生 不可不察也

8. 염법 | 鹽法

소금은 바다에서 나오는 것인데 백성들이 사용하는 것으로 없어서는 안 되는 것이다. 고려 시대에는 충선왕(忠宣王) 때부터 염법(鹽法)이 세워져서 백성들로 하여금 포(布)를 바치고 소금을 받아가게 하여, 그 포로써 국가 재정에 보탰던 것이다. 그러나 염법이 무너지면서 포만 관에서 거두어 갈 뿐, 소금은 백성들에게 돌아가지 않아 백성들이 큰 곤란을 당하였다.
전하께서 즉위한 뒤로 윤음을 내리어 앞 시대의 문란한 염법(鹽法)을 크게 개혁하였다. 연해의 주군마다 염장(鹽場)을 설치하여 관(官)에서 소금을 굽고, 백성들로 하여금 포(布)든 쌀이든, 또 그것이 질이 좋은 것이든 나쁜 것이든 묻지 않고, 자기가 가지고 있는 미포(米布)를 가지고 염소(鹽所)에 가서 먼저 시가(時價)의 높고 낮음에 따라 값을 계산하고 소금을 받은 다음에 미포를 소금 값으로 내게 하였다. 이것은 국가가 백성과 더불어 이익을 나누고자 하는 것이지, 사적인 자염(煮鹽)을 금지하여 국가가 이익을 독점하려는 것은 아니다. 염장의 소재와 그 소출량을 자세히 적어서 회계에 참고가 되게 하겠다.

鹽出於海而民用之 不可無者也 前朝自忠宣王立鹽法 使民納布受鹽 以資國用 及其法弊 布入於官 鹽不及已 民甚苦之 殿下卽位 首降德音 一革前朝弊法 每沿海州郡置鹽場而官爲煮鹽 聽民將其所有之物 或布或米 無論精粗多寡 親就鹽所 稱時價之高低 計直受鹽 然後納價物焉 蓋與民同其利 非禁而榷之也 其鹽場所在與所出之數備書焉 以憑會計

9. 산장수량〔삼림과 어장〕| 山場水梁

옛날에는 망(網)이 총총한 세(細) 그물을 연못에 넣어서 고기를 잡지 못하게 하였으며, 초목의 잎이 다 떨어진 뒤에야 도끼를 들고 산림에 들어가 나무를 베게 하였다.[95] 이것은 천지자연의 이(利)를 아껴서 쓰고 사랑하고 기르기 위한 것이다. 이러한 태도야말로 산장(山場)[96]과 수량(水梁)[97]〔어장(漁場)〕을 이용하는 근본이 되는 것이다.

고려시대에는 산장과 수량을 모두 호강자(豪强者)가 점탈하여 국가에서는 그 이득을 얻지 못하였다. 전하께서 즉위하신 뒤로 고려시대의 잘못된 제도를 고쳐서 산장과 수량을 몰수하여 공가(公家)의 소용으로 하였다. 산장은 선공감(繕工監)[98]에 소속시켜서 거기에서 나오는 재목을 채취하여 건축 기타 토목 사업에 이용하고, 수량은 사재감(司宰監)[99]에 소속시키고, 거기에서 나오는 어해(魚醢)를 취하여 내외의 반찬과 제사 및 빈객 접대용으로 이용하였다. 산장과 수량의 소재지를 아는 데까지 모두 적어 본다.

古者 數罟不入洿池 草木零落 然後斧斤入山林 蓋因天地自然之利 而撙節愛養之 此山場水梁之所由本也 前朝之時 山場水梁 皆爲豪強所占奪 公家不得其利焉 殿下卽位 革其弊法 收而爲公家之用 以山場屬繕工 取其材木 以充營繕 以水梁屬司宰 取其魚醢 以供內外之膳及祭祀賓客之用 其山場水梁所在可考者 悉書之

95 《맹자(孟子)》〈양혜왕(梁惠王)〔上〕왕무죄세장(王無罪歲章)〉에 비슷한 말이 있다.

96 산장(山場) : 재목과 시탄(柴炭)을 채취하는 산림.

97 수량(水梁) : 어물(魚物)을 채취하는 어전(漁箭) 또는 어장(漁場).

98 주 39 참조.

99 사재감(司宰監) : 어육(魚肉)·염(鹽)·땔나무·봉화(烽火) 등에 관한 일을 맡아 보던 관청.

10. 금 · 은 · 주옥 · 동 · 철 | 金銀珠玉銅鐵

속미(粟米)와 포백(布帛)은 백성들이 생활하는 데 기본 재료가 되는 것이지만, 금 · 은 · 주옥은 백성들의 생활에 도움을 주는 것이 아니므로 정치하는 데 있어서 급한 일이 될 수는 없다. 그러나 종묘(宗廟)[100]는 지극히 경건한 곳이기 때문에 거기에서 쓰는 제기(祭器)는 반드시 금이나 옥으로 장식한다. 또한 갓과 면류관은 대중보다 높은 지위에 있는 사람에게 씌우는 것이므로 역시 주옥(珠玉)으로써 장식하는 것이다. 더욱이 우리나라는 천조(天朝)[101]를 섬기고 있어서 세시(歲時)와 경절(慶節)에 보내는 사신들은 반드시 금 · 은을 가지고 가게 되어 있다. 따라서 금 · 은 · 주옥은 조상을 받들고, 중국에 사대(事大)의 예를 행함에 있어서 없어서는 안 되는 것이다.

구리와 쇠는 그릇을 만들기도 하고 농구를 만들기도 하므로 백성들이 생활하는 데 매우 요긴한 것이다. 더욱이 이를 주조하여 무기도 만들기 때문에 군국(軍國)의 필수품으로서 이보다 더 중요한 것이 없다.

고려시대에는 금소(金所) · 은소(銀所)[102]가 있어서 관에서 금과 은을 채취하였다. 지금 우리나라에서는 무릇 쇠가 생산되는 곳에는 철장관(鐵場官)을 두고 정부(丁夫)를 모집하여 쇠를 제련 또는 주조하고 있으며, 일반 백성들이 쇠를 제련 · 주조하는 것에 대해서는 과세를 하지 않고 있다. 그러나 금소 · 은소에서의 금 · 은 채취제도는 지금은 모두 폐지하였다. 하지만 금과 은은 매장량이 일정한데, 중국에 사대하는 시일은 제한이 없으니 이것에 대한 채취법도 또한 강구하지 않으면 안 될 것이다. 신은 여기에 금소 · 은소 및 철장의 소재를 모두 적어서 참고에 도움이 되게 하는 바이다.

100 종묘(宗廟) : 이성계의 선조와 조선의 역대 왕의 신주를 모신 사당.

101 천조(天朝) : 명(明)나라.

102 소(所) : 소는 향(鄕) · 부곡(部曲)과 마찬가지로 고려 시대의 천민 집단과 그 거류지를 의미. 소의 인민들은 주로 금 · 은 · 동 · 철 · 염 · 도자기 등 각종 수공업에 종사하였다.

粟米布帛 民資以生 至於金銀珠玉 無補於民用 宜非爲政之所急 然宗廟至敬之所在 故器必飾以金玉 冠冕加於衆體之上 亦以珠玉飾之 況本國臣事天朝 其歲時慶節之所修 必以金銀將之 蓋金銀珠玉 在奉先事大之禮 不可無者也 至於銅鐵 以爨以耕 尤切於民用 又鑄爲兵具 軍國之須 莫重於此 前朝有金銀所 官爲採之 國家凡產鐵之處 每置鐵場 官集丁夫鑄冶之 民所鑄冶 則不課焉 而採金銀之法 今皆廢矣 然金銀有見數 事大之日無窮 則其採之之法 亦不可不講也 臣於此 取金銀所及鐵場 悉著于篇 以備參考焉

11. 공상세 〔공장세(工匠稅) · 상업세(商業稅)〕 | 工商稅

선왕(先王)이 공세(工稅)와 상세(商稅)를 제정한 것은 말작(末作 상업)을 억제하며 본실(本實 농업)에 돌아가게 하기 위한 것이었다.

우리나라에서는 이전에는 공(工) · 상(商)에 관한 제도가 없어서 백성들 가운데서 게으르고 놀기 좋아하는 자들이 모두 수공업과 상업에 종사하였기 때문에 농사를 짓는 백성이 날로 줄어들었으며, 말작이 발달하고 본실이 피폐하였다. 이것은 불가불 염려하지 않을 수 없는 일이다. 그러므로 신은 수공업과 상업에 대한 과세법을 자세히 열거하여 이 편(篇)을 짓는다. 이것을 거행하는 것은 조정이 할 일이다.

先王制工商之稅 所以抑末作 而歸之本實 國家前此 未有定制 民之遊惰者 皆趨之 而南畝之民 日益減 末作勝而本實耗 不可不慮也 臣故備擧工商課稅之法 著之於此 擧而行之 在朝廷焉

12. 선세 | 船稅

우리나라는 바다를 두르고 있는 국가이기 때문에 어(魚) · 염(鹽)의 이득이 많을 뿐 아니라 공 · 사의 조운(漕運)이 동서의 강에 폭주하고 있다. 그래서 사수감(司水監)을 설치하여 이 일을 맡게 하고 선세(船稅)를 징수하여 국가 재정에 보태고 있는데, 그 이득이 또한 적지 않다.

本朝濱海以國 魚鹽之利爲多 而公私漕運 輻湊於東西之江 置司水監以掌之 而收其稅以助國用焉 其利亦厚矣

13. 상공 〔왕실 비용〕 | 上供

임금은 광대한 토지와 수많은 인민을 오로지 갖는다.[103] 그러므로 인민이 바치는 부(賦)는 무엇이나 임금이 가질 수 있는 몫이 있고, 무릇 나라의 경비도 임금이 쓸 수 있는 몫이 있다. 따라서 임금은 사장(私藏 사유재산)을 갖지 않는 것이다.

이 책에서 상공(上供)과 국용(國用)을 나누어서 이야기한 것은 역시 그 이유가 있다. 음식과 의복은 왕을 봉양하는 데 필요한 것이며, 비반(匪頒)은 왕이 신민(臣民)에 물품을 사여(賜與)하는 데 필요한 것이며, 진보(珍寶)는 왕이 가지고 즐기는 노리개를 공급하기 위한 것이다. 이것들을 모두 '상공(上供)'이라고 부른다. 《주례(周禮)》[104]를 보면 각기 담당 벼슬아치를 두어서 상공에 필요한 물품의 출입과 회계를 담당하게 하였다. 그런데 인주(人主)가 사치스런 마음이 생겨서 소비가 무절제하게 될지도 모르고, 또한 담당 관리가 부정한 짓을 행하여 재물이 축나게 될지도 모른다. 이러한 점을 염려하여 《주례》에서는 총재(冢宰)로 하여금 상공을 총괄적으로 다스리게 하여, 비록 인주가 사사로이 쓰는 것이라 할지라도 반드시 해당 관청의 경리(經理)와 관계를 갖도록 하였다. 그런데 한(漢)나라와 당(唐)나라에 이르러 천자가 사유재산을 갖게 되어 국가의 재정과는 아무 관계를 갖지 않게 되었다. 그런데 천자의 사유재산의 출처를 보면, 산과 바다, 어장에서 나오는 물산으로부터 세(稅)로 받아들인 것, 또는 주군(州郡)에서 바친 사적인 헌물, 또는 백성들이 바친 상부(常賦 정규적인 부세)에서 액수가 초과되어 남은 것 등으로서, 국가의 경리에서 가져오는 것은 아니었다. 그리고 천자의 사유재산을 잘 운영하여 국가 재정과 서로 엇갈리지 않게 하였으며, 흉년이나 전쟁이 일어나면 천자의 사유재산을 내어서 굶주리는 사람과 군인을 먹이기도 하였다. 그런데도 식자(識者)들은 천자가 사유재산을 가진 것을 비난하여 "인군(人君)이 가인(家人)이나 근신(近臣)의 행동을

103 인군(人君)이 천하의 토지와 인민(人民)의 주인이라는 사상은 그 유래가 오래다. 《시경(詩經)》〈소아 북산편(小雅北山篇)〉에 "온 하늘 밑은 왕의 땅 아닌 데가 없고, 땅 닿는 곳에 사는 사람치고 왕의 신하 아닌 사람은 없다"〔普天之下, 莫非王土, 率土之濱, 莫非王臣〕라고 하였고, 《맹자(孟子)》〈만장(萬章) 〔上〕 순지불신요장(舜之不臣堯章)〉에서도 이 구절이 인용되어 있다.

104 《주례(周禮)》 : 주 75 참조.

바로잡지 못하면 사인(私人 사삿사람)을 갖게 되고, 일단 사인을 갖게 되면 사비(私費)가 없어서는 안 된다. 그래서 사유재산을 갖게 되는 것인데, 만사의 폐단은 이 사유재산에서 나오지 않는 것이 없다"고 말하였다. 사유재산을 경계함이 이렇듯 지극하였다.

고려시대에는 요물고(料物庫)를 두어 왕실에 대한 식량 조달을 관장하게 했고, 사선서(司膳署)로 하여금 각종 반찬을 장만하는 일을 맡게 하였으며, 사온서(司醞署)에서는 술과 단술을 조달하게 하고, 내부(內府)에서는 의복 재료를 취급하여 의복을 지어 바치게 하였으며, 사설서(司設署)에서는 장막과 깔개를 조달하여 포설(鋪設)을 관장하였다. 이들 관서는 모두 조정의 관리가 일을 맡았고, 사헌부(司憲府)에서 수시로 일을 감독하여 물품의 남고 모자라는 수량을 조사하였다. 참으로 주(周)나라 제도의 정신을 이어받았다고 할 만하다. 충렬왕(忠烈王) 때부터 원(元)나라를 섬기기 시작하면서 공주들의 궁중 생활비가 많아지고, 연경(燕京 북경)에 직접 가서 인사를 드리거나 그곳에서 체류하면서 시위(侍衛)할 때에는 도로의 비용과 유숙의 비용을 스스로 마련하지 않으면 안 되었다. 그리하여 이때부터 덕천고(德泉庫) · 의성부(義成府) 등을 설치하였다. 그러나 여기에 소속된 토지 · 노비 · 재산 등은, 혹은 내탕(內帑)의 일부를 떼어 내어 귀속시킨 것이거나, 혹은 왕씨 외가의 세습 토지에서 소출된 것이거나, 그렇지 않으면 죄인에게서 몰수한 재산이거나 하여 국가의 경리와는 관계가 없었으며, 마침내는 인주의 사유재산이 되어버렸다.

전하께서는 왕위에 오르기 전부터 의논을 받아들여 이러한 사유재산을 모두 혁파하여 국가 재산으로 귀속시킬 것을 요청하였다. 당시의 집권자가 사유재산을 완강히 지키려 하였기 때문에 전하의 뜻대로 이루어지지는 아니하였으나, 이로 인해 혁파된 것이 열이면 너댓이 더 되었다. 전하가 즉위한 뒤에는 오고(五庫)[105]와 칠궁

105 오고(五庫) : 의성(義成) · 덕천(德泉) · 내장(內藏) · 보화(保和) · 의순고(義順庫). 〈창고(倉庫)〉편 참조.

(七宮)[106]을 모두 공용(公用)으로 귀속하였다. 옛날에 광무제(光武帝)[107]는 소부(小府)의 금전(禁錢)을 혁파하여 대사농(大司農)에 귀속시켜 공용으로 충당하게 한 일이 있었는데, 사신(史臣)이 이를 칭송하여 "능히 한 사람 개인의 사사로움을 극복하였다"고 하였다. 이제 전하의 처사는 옛날의 광무제의 그것에 견주어 보더라도 조금도 부끄러움이 없다. 다만 즉위 초에 모든 일을 새로이 시작하기 때문에 해야 할 일이 엄청나게 많아지고, 그에 따라서 비용 지출이 크게 불어났으나, 비용을 출납할 적에 책임 관서에서 지나치게 법문(法文)에만 구애되어 충분히 비용을 지급하지 않았던 까닭으로 일의 기회를 놓친 경우가 많았다. 그리하여 법문을 적당히 더하고 빼어 즉위 초에 내린 교서(敎書)와 어긋나는 점이 있다. 그러나 이것은 어디까지나 일시적인 편의를 따른 것뿐이므로 처음에 만들어 놓은 법을 고칠 필요는 없다.

신은 이곳에서 '상공'에 관한 것을 1편(篇)으로 저술하여 그 내용을 밝힘으로써, 후세 사람들로 하여금 전하께서 절약과 검소를 존중하고 사리사욕을 극복한 훌륭한 뜻을 알게 하고자 하는 바이다.

106 칠궁(七宮) : 칠궁의 내용은 미상.

107 광무제(光武帝) : 후한(後漢)의 시조(25~57). 이름은 유수(劉秀).

人君 專土地之廣 人民之衆 其所出之賦 何莫非已分之所有 凡國之經費 何莫非已分之所用 故日人君無私藏 此書日上供 日國用 岐而言之 亦有說乎 飮膳衣服 所以供王之奉養也 匪頒 所以供王之賜與也 珍寶 所以供王之玩好也 是數者 今皆謂之上供 考之周禮 各置司存 以掌其出入會計之數 尙慮人主侈心之生 而費之無節 掌吏肆其姦欺而失於滲漏 於是 以冢宰摠而制之 雖似人主之私用 實通於有司之經理 至漢唐 始有天子私藏之名 與軍國之用 不相通 然其財之所出 或稅山海澤藪之物產 或得州郡之私獻 或稱常賦之羨餘 未嘗取於經理之賦 而猶有統攝 不相侵紊 其遇凶荒軍旅之事 出其財而贍之 識者尙且非之日 人君不能正其家人 近習之故而有私人 旣有私人不能無私費 於是有私財 萬事之弊 莫非由此而出 其爲戒也至矣 前朝之制 置料物庫掌饋食之粟 司膳掌饔餼膳羞之烹熟 司醞掌酒醴 內府掌布帛絲綿 以供衣服 司設掌帳幕床褥 以供鋪設 皆以朝士職之 憲司以時體察 稽其盈縮之數 可謂得周官之意矣自忠烈以下 臣事元朝 世降 公主宮掖之費爲多 或朝燕京 留侍都下 其道路之費 盤纏之用 在所當辦 於是始置德泉義成庫之屬 然其田口貲資 或損內帑以鬻之 或出於王氏外家之世業 或出籍沒之家 不在經理之數 而遂爲人主之私藏也 殿下在潛邸 獻議欲盡革之 歸之國用 當國者持之甚力 故不克如志 然因是而革去者 不啻十四五 及卽位 以五庫七宮 悉歸之公用 昔光武罷小府禁錢 歸之大司農 以充公用 史臣美之日 能絕一己之私 以今方古 實無愧焉 第緣卽位之初 草創更始 庶事繁浩 用度甚廣 而其出納之際 有司拘於文法 或不能給 事機多失 於是斟酌損益 與卽位之敎不同者有焉 然權一時之宜耳 其成法則未嘗改也 臣於此 一以上供書之 從而著其說 俾後之人 知殿下節儉克私之美意焉

14. 국용 〔국가 비용〕 | 國用

국가에서는 풍저창(豊儲倉)을 설치하여 무릇 제사(祭祀) · 빈객(賓客) 접대 · 사냥 · 상장(喪葬) 및 흉년에 필요한 비용은 모두 여기에서 지출하는데, 이를 '국용(國用)'이라고 부른다. 국용의 출납과 회계에 관한 일은 도평의사사(都評議使司) · 삼사(三司) · 사헌부(司憲府)에서 각각 직책에 따라서 관장한다. 이제 국용의 수입 수량을 모두 적어서 편(篇)으로서 저술하는 것은, 국용을 쓰는 데 있어서 반드시 '양입위출(量入爲出 수입을 기초로 하여 지출을 행함)'의 원칙을 지켜서 헛되이 소비함이 없어지기를 바라는 것이다.

國家置豐儲倉 凡祭祀賓客田役喪荒之用 皆於此焉出 謂之國用 其出納會計之制 則都評議使司 三司 司憲府 各以其職治之 今悉書其所入之數 著之篇者 欲其用之也 量入爲出 庶乎不至於妄費也

15. 군자〔군량〕 | 軍資

자공(子貢)[108]이 공자(孔子)에게 정치를 어떻게 해야 하느냐고 물으니 공자는 "식량을 풍족하게 하고, 군사〔국방〕를 튼튼하게 하는 것"[109]이라고 대답하였다. 나라는 군사에 의지해서 보존되고, 군사는 먹어야 생존할 수 있다. 공명(孔明)[110]의 치병술(治兵術)이 관중(管仲)[111]이나 악의(樂毅)[112]보다 뛰어난 것은, 그가 위(魏)나라를 정벌할 적에 위수(渭水) 연안에서 둔전(屯田)을 실시하여 지구전법을 쓴 때문이었다. 항우(項羽)[113]는 백전백승의 자질을 타고난 사람이었으나 하루아침에 군량이 떨어져서 전쟁에 지고 자신도 자살하여 천하의 웃음거리가 되었다. 이것을 보더라도 식량이라는 것은 삼군(三軍)의 목숨을 좌우하는 것으로서 하루라도 없어서는 안 되는 것임을 알 수 있다. 그러므로 옛날의 나라를 다스리던 사람들은 군사만을 다스리는 것이 아니라 반드시 군량미도 또한 다스렸으며, 군량미의 수입만을 다스리는 것이 아니라 반드시 군량미의 생산에 관하여도 배려하였다. 식량의 생산은 토지와 사람에 달려 있다.

우리나라는 산악과 바다 사이에 끼여 있어서 구릉과 수택(藪澤) 등 경작할 수 없는

108 자공(子貢) : 춘추 위(衛)나라 사람. 성은 단목(端木), 이름은 사(賜), 자는 자공(子貢), 공자(孔子)의 제자.

109 《논어(論語)》 〈안연편(顔淵篇)〉 "子貢問政, 子曰, 足食 · 足兵 · 民信之矣."

110 공명(孔明 181~234) : 이름은 제갈량(諸葛亮). 공명은 자. 삼국 시대 촉(蜀) 지방 사람. 유비(劉備)를 도와 위(魏)의 조조(曹操)를 적벽(赤壁)에서 격파하여 촉한(蜀漢)의 건국에 공을 세우고 뒤에 다시 위(魏)의 사마의(司馬懿)와 대진하여 싸우다가 병사(病死). 뛰어난 병법가(兵法家)로서 저서에 《제갈무후문집(諸葛武侯文集)》이 있음.

111 관중(管仲 ?~B.C. 645) : 춘추 시대 제(齊)나라의 현상(賢相). 이름은 이오(夷吾). 환공(桓公)을 섬겨 부국강병(富國强兵)에 노력하여 그로 하여금 오패(五霸)의 으뜸이 되게 함.

112 악의(樂毅) : 전국 시대 연(燕)의 장수. 조(趙) · 초(楚) · 한(韓) · 위(魏) · 연(燕)의 연합군을 거느리고 제(齊)를 쳐서 70여 성을 빼앗았으나 그를 아끼던 소왕(昭王)이 죽은 뒤 그를 이은 혜왕(惠王)이 그를 중용(重用)치 아니하여 조(趙)에 가서 중용됨.

113 항우(項羽 B.C. 232~ B.C. 202) : 진말(秦末) 초(楚)의 패왕(霸王). 이름은 적(籍), 자는 우(羽). 숙부 양(梁)과 함께 기병(起兵)하여 진군(秦軍)을 쳐서 진왕(秦王) 자영(子嬰)을 죽이고 자립하여 초패왕(楚霸王)이 됨. 패공(沛公)〔유방(劉邦)〕과 천하를 다투었으나 해하(垓下)의 싸움에서 패하자 오강(烏江)에 이르러 자살함.

지역이 전 국토의 10분의 8, 9를 차지하고 있다. 게다가 농사를 하지 않고 놀고 있는 사람이 많아서, 그 수를 정확히 파악하기는 어려우나, 경성에 살고 있는 사람을 헤아려 보면 수십만 명이 내려가지 않을 것이다. 또한 도망하여 중이 된 자가 10만 명은 내려가지 않으며, 자제로서 놀고 있는 자, 서민으로서 공역(公役)을 담당하고 있는 자, 수졸(戍卒)로서 변방에 나가 있는 자, 공장(工匠) · 상인(商人) · 무격(巫覡)[114] · 재인(才人)과 화척(禾尺)[115] 따위를 합치면 이 또한 10만 명이 내려가지 않을 것이다. 이들은 농사를 짓지 않을 뿐 아니라 남에 의지하여 먹고 사는 사람들이니, 정말로 생산하는 사람은 적고, 먹는 사람은 많다고 하겠다. 더욱이 농민들이 상장(喪葬) · 흉년 · 질병으로 인하여 농사에 전력하지 못하는 경우가 많은데, 해마다 계절마다 맞이하는 사신 접대와 제사 비용 또한 백성들이 마련하지 아니할 수 없는 것이니, 가히 일하는 사람은 느린데 이를 쓰는 사람은 급하다고 하겠다. 그러니 군량이 어느 겨를에 무엇으로써 풍족해질 수 있겠는가? 오늘날 우리가 해야 할 계책은 한황지(閑荒地)를 개간하고, 놀고 있는 백성들을 없애어 모두 농사에 돌아가게 하며, 백성들의 농사일을 간소화하여 그들의 힘을 키워주고, 사신 접대와 제사의 격식을 통제하여 그 비용을 절약하는 것보다 나은 것이 없다. 이렇게 한 뒤에라야 군량이 풍족해질 것이다. 우리나라에서는 군자감(軍資監)을 실시하여 군량을 저축하고 있다. 그런데 지금은 다만 군량의 수입과 지출의 액수만을 다스리고 있을 뿐이다. 그러므로 신(臣)은 식량의 자체 생산 문제까지 함께 논하여 본편에 서술함으로써 식량을 풍족하게 하는 근본을 삼고자 하는 바다.

114 무격(巫覡) : 무당. 여자 무당을 무(巫), 남자 무당(박수)을 격(覡)이라고 함.

115 화척(禾尺) : 유기 제조(柳器製造), 가축 도살(家畜屠殺), 수육상(獸肉商) 등에 종사하던 천민. 특히 성악(聲樂) · 잡기(雜伎)를 업으로 하는 사람을 재인(才人)이라고 하나, 화척과 재인은 뚜렷하게 구별되는 신분은 아니다. 세종(世宗) 때에는 이들을 신백정(新白丁)이라고 불러서 그들의 직업을 농업으로 전환시키고 사회적 지위를 높여 주었으나 조선 후기에는 다시 천민화하였다.

子貢問爲政 孔子以足食足兵答之 國資兵以存 兵資食以生 孔明治兵過管樂 其伐魏也屯田渭上 以爲持久之計 項羽憑百戰百勝之資 而一朝糧餉不繼 戰敗身死 爲天下笑 是知食者三軍之司命 不可一日而無者也 故古之爲國者 不惟治其兵 又當治其食不惟治其食之所入 又當治其食之所生 夫食之所生 在地與人而已 國家介山海之間其丘陵藪澤 不耕之地 十居八九 而人之遊手 雖不能悉得其數 以居京城者計之 不下數十萬 去而爲浮圖者 不下十萬 子弟之閒散 庶民之執公役 戍卒之在邊圉 以至工商巫覡之徒 才人禾尺之類 計亦不下十萬 不惟不耕 又從以食之 可謂生之者寡 而食之者衆矣 又因喪荒疾病 不得盡力於南畝 而歲時賓客祭祀之費 亦民之所不能已者 可謂爲之者舒而用之者疾矣 兵食奚由而足乎 爲今之計 莫若闢閒荒之地 汰遊手之民盡歸之南畝 省民之耕穫 而寬其力 制賓客祭祀之式 而節其財 然後兵食可得而足也國家置軍資監 以儲兵食 然但治其所出入之數而已 臣故併論其食之所自生 著之於篇以爲足食之本焉

16. 녹봉 | 祿俸

인군(人君)은 현자(賢者)와 더불어 천직(天職)을 함께 가지며 천민(天民)을 함께 다스린다. 그래서 인군은 현자를 천록(天祿)으로써 후대하여 그들로 하여금 부모를 우러러 섬기고 처자를 기르는 데 근심을 갖지 않도록 하며, 오로지 직책을 수행하는 데만 전력을 다하게 하는 것이다. 전(傳)에 이런 말이 있다. "충직하고 신의 있는 자에게 녹(祿)을 후하게 주는 것은 사(士)를 격려하는 길이다."[116]
우리나라의 녹봉(祿俸) 제도에 의하면, 1품에서 9품에 이르는 관리를 18과(科)로 나누고, 삼사(三司)에서 녹패(祿牌)를 주면, 광흥창(廣興倉)에서 과에 따라서 녹을 주게 되어 있다. 현자로서 천록(天祿)을 타먹는 자는 마땅히 천직을 잘 수행할 것을 생각해야 옳은 일이며, 천록만 타먹고 일을 게을리 하는 것은 옳지 않은 일이다. 하물며 직사(職事)도 없으면서 천록을 타먹는 것은 옳은 일이겠는가? 그러므로 선왕께서는 법을 만들어서, 신민(臣民)으로서 공이 있는 자에게는 녹을 주고, 배고픈 자에게는 먹을 것을 주어 구휼하였으나, 일정한 직책이 없이 일정한 녹을 타먹는 것은 불공스런 일로 생각하였다.[117] 선왕의 법은 이렇듯 엄격한 것이었다.

人君之與賢者 所共者 天職也 所治者 天民也 故厚之以天祿 使之免仰事俯育之累 而專力乎供職也 傳曰 忠信重祿 所以勸士也 國家頒祿之制 自一品至九品 分爲十八科 三司給牌 廣興倉以其科而頒之 賢者之食天祿者 當思保天職可也 食焉而怠其事 猶不可 況無其事而食其祿 其可乎哉 故先王立法 君之於臣民 功者賜之 饑者周之 無常職而食常祿 以爲不恭 其法嚴矣

116 《중용(中庸)》.

117 이것은 이를테면 '유직자이유록(有職者二有祿)'의 원칙이라 하겠다.

17. 의창 〔구빈제도〕 | 義倉

홍수 · 한발 · 질병은 천도(天道)가 운행하는 운수에서 발생하는 것이다. 운행이 순조롭지 못한 경우가 생기면 기근이 일어나게 된다. 이럴 때에 백성을 기르는 책임을 가진 사람이 그냥 앉아서 보기만 하고 이를 구제하지 않는 것이 옳은 일일까? 따라서 우리나라에서는 중앙에 의창(義倉)을 두어 곡식을 저축해 두고 있으며, 이 제도를 확대하여 지방의 주 · 부 · 군 · 현에도 각기 의창을 설치하였다. 그리하여 매년 농사철이 되면 빈민으로서 종자곡과 식량이 없는 사람에게 곡식을 대여하고 가을에 수확이 끝나면 원본(元本)만을 회수하여 뜻하지 않은 사태에 대비하여 저축해 둔다. 만약 흉년이 들면 의창의 곡식을 모두 풀어서 빈민을 진휼하고, 풍년이 든 다음에 역시 원본만을 회수하여 장기간 이런 일을 계속할 수 있도록 비축해 둔다. 이렇게 하면 기근이 들어도 백성에게 피해가 가지 않고, 풍년이 들어도 농민을 해치지 않으며, 곡식은 곡식대로 항상 비축되어 있으면서 백성들이 굶어 죽는 일이 없어진다. 이것이야말로 법 중에서 가장 좋은 법이라 아니할 수 없다. 의창의 곡식을 출납할 때에는 급한 사람만을 구제하여 부유한 사람이 혜택을 받지 않도록 해야 하며, 사실을 확실하게 하여 원액(元額)을 축나지 않게 함으로써 이 좋은 법이 무너지지 않도록 해야 할 것이다. 그렇게 하자면 이를 관장하는 사람이 훌륭하여 이 제도를 확실하고 분명한 자세로 거행해야 하는 것이다.

水旱疾疫 在天道流行之數 代或有之而飢饉至焉 爲民牧者 其可坐視而莫之救歟 國家內置義倉 以儲穀粟 又推其法 及之州府郡縣 各置義倉 每當農月 給貧民無種食者 至秋成 止收其本 以備不虞 如遇凶荒之歲 盡發以賑 待歲豐登 亦收其本 以資長遠 饑而不損於民 豐而不傷於農 使穀粟常存 而民不至死 蓋法之最良者也 其出納之際 周其急而不繼其富 核其實而不耗其數 使良法不廢 亦在夫典守得人 申明而擧行之耳

18. 혜민전약국 | 惠民典藥局

우리나라에서는, 약재(藥材)가 본토에서 나오지 않는 것이 있어서 만약 질병을 얻게 되면 효성스럽고 인자한 자손들이 약재를 구하러 이리저리 헤매다가 약은 얻지 못하고 병은 더욱 깊어져서 마침내는 병을 치료하지 못하는 폐단이 있다. 국가에서는 이 점을 고려하여 혜민전약국(惠民典藥局)을 설치하여 관에서 약가(藥價)로서 오승포(五升布) 6천 필을 지급하여 이것으로써 약물(藥物)을 갖추어 놓게 하였다. 그리하여 무릇 질병이 생긴 자는 몇 말의 곡식이나 몇 필의 포(布)를 가지고 혜민전약국에 가서 필요로 하는 약을 구할 수 있게 하였다. 또한 원본 이식(利息)을 도모하여 10분의 1의 이자를 받아서 항구적으로 약을 비치해 둠으로써 빈민들로 하여금 질병에서의 고통에서 해방되게 하고 요절하는 액운을 면하게 하였으니 생민을 아끼는 덕이 이렇듯 큰 것이었다. 불행히도 관부에서 지나치게 백성에게 약가를 철저히 징수하고, 권세 있는 사람들이 약물을 강제로 싼 값으로 사들여서 한편으로는 약값이 축나고, 다른 한편으로는 빈민이 자활할 수가 없게 되고 있으니 이것은 어찌 심히 인정(仁政)에 배치되는 일이 아니겠는가? 혜민전약국을 관장하는 책임자는 자기의 직책을 충실히 이행하여 국가의 생민을 아끼는 덕이 무궁토록 빛나게 하여야 할 것이다.

國家以爲藥材 非本土之所產 如有疾病 其孝子慈孫 傍求奔走 藥未之得 而病已深 有不及救治之患 於是 置惠民典藥局 官給藥價五升布六千疋 修備藥物 凡有疾病者 持斗米疋布至 則隨所求而得之 又營子利 十取其一 期至無窮 俾貧民免疾痛之苦 而濟夭札之厄 其好生之德大矣 不幸有官府之責取 權勢之抑買 而藥價耗損 貧民無以自活 豈非不仁之甚者也 典是局者 思盡其責 俾國家好生之德 克永厥終可也

19. 견면〔부세 감면제도〕| 蠲免

나라는 백성을 근본으로 삼으며, 백성은 먹는 것을 하늘로 삼는다.[118] 그러므로 요역(徭役)과 부세(賦稅)를 가볍게 하여 백성들의 먹는 것을 풍족하게 해 주어야 한다. 불행히 백성이 홍수 · 한발 · 서리 · 곤충 · 바람 · 우박 등으로 피해를 입었을 때에는 그 손상을 입은 정도의 많고 적음에 따라서 부역(賦役)을 차등 있게 감면해 주는 것은 나라의 근본을 두텁게 해 주기 위함이다.

우리나라에서는 이러한 재해 손실에 따른 부역감면 제도〔손분감면지법(損分減免之法)〕를 이미 시행하고 있으며[119] 법령으로써 뚜렷이 규정되어 있기도 하다. 주무 관청은 마땅히 이 법을 살펴서 거행해야 할 것이다.

國以民爲本 民以食爲天 故輕徭薄賦 以裕其食 不幸被水旱霜蟲風雹之災 隨其傷損之多寡 蠲免賦役有差 蓋所以厚其本也 國家損分減免之法 已自行之 著在甲令 有司宜當審而行之也

118 《관자(管子)》에 "왕은 백성을 하늘로 삼으며 백성은 먹는 것을 하늘로 삼는다."〔王者以民爲天, 民以食爲天〕《사기(史記)》〈역이기전(酈食其傳)〉에도 같은 말이 보인다. '하늘로 삼는다' 함은 '근본으로 삼는다'는 뜻.

119 이른바 손실답험법(損實踏驗法)이 그것이다. 손(損)을 10등(等)으로 나누어서 손이 1분(分)이면 조세의 10분의 1을 감하고, 손이 2분이면 10분의 2를 감한다. 이런 비율로 차례로 조세액을 감면하여 손이 8분이면 조세의 전액을 면제한다.

三. 예전 | 禮典

1. 총서 | 摠序

주상 전하께서는 위로는 하늘에 호응하고 아래로는 인민에 순응하여 왕위에 오른 뒤에, 옛것을 상고하여 나라의 기강을 세우니 모든 사물이 이제부터 질서가 잡히고 조화를 이루기 시작하였다.

이제야말로 예악(禮樂)이 일어날 시기인 것이다. 신(臣)이 생각하기에는 예(禮)에 관한 설명이 많지만 그 핵심은 '질서(秩序)'에 지나지 않는다. 조정은 존엄이 가장 중요한 것으로 임금은 높고 신하는 낮은 것이며, 임금은 명령하고 신하는 집행하는 것이다. 그러므로 아침에 임금과 신하가 모여서 인사를 나누는 것은 대위(大位)를 바르게 하고 백관을 통솔하는 것이니, 이것이 조정의 질서이다.

나라의 제사는 정성〔성(誠)〕이 가장 중요한 것으로, 사람이 정성을 다하여 위로 신(神)을 감동시켜야 한다. 그러므로 사시(四時)로 제사를 지내어 조상을 섬기고 신명(神明)을 즐겁게 하는 것이 제향(祭享)[120]의 질서이다.

연향(宴享)[121]은 화친을 가장 중요시하는 것으로, 빈객(賓客)이 술잔을 올리면 주인〔임금〕은 이에 응수하고, 주인이 음식을 권하면 빈객은 먹는다. 마시고 먹고 즐김으로써 종척(宗戚 종친과 외척)이 화목하고 신하와 친하게 되는 것이 연향(宴享)의 질서이다.

부보(符寶)[122]는 믿음을 표시하기 위한 것이며, 거여(車輿)와 관복(冠服)은 등급을 구분하기 위한 것이다. 악(樂)은 공덕을 찬미하기 위한 것이며, 역(曆)은 기후를 밝히기 위한 것이다.

경연(慶筵)은 임금의 덕을 장려하고 발전시키기 위한 것이며, 학교는 인재를 양성하기 위한 것이다. 과목(科目 과거제도)의 설치와 유일은사(遺逸隱士 숨어 있는

120 제향(祭享) : 제사를 높여 부르는 말.

121 연향(宴享) : 연회를 높여 부르는 말.

122 부보(符寶) : 부서(符瑞).

선비)의 천거는 현자를 등용하는 문호를 넓히기 위한 것이며, 구언(求言)[123]과 진서(進書)는 상 · 하의 심정을 서로 알게 하기 위한 것이다. 사신의 파견은 천조(天朝)[124]에 표문(表文)[125]을 올려서 사대(事大)의 정성과 공경을 다하기 위한 것이다. 도형(圖形)[126]과 기공(紀功)[127]은 공신(功臣)을 존중하여 그 은혜에 대한 보답을 두텁게 하기 위한 것이다. 시호(諡號)는 여러 신하의 선악을 구별하여 권려와 징계를 하기 위한 것이다. 정표(旌表)는 절개와 의리를 장려하기 위한 것이다. 향음주(鄕飮酒)[128]는 예절과 겸손을 가르치기 위한 것이다. 관혼상제(冠婚喪祭)는 풍속을 순수하게 하기 위한 것이다. 이 모든 것들은 정사를 시행하는 데 있어서 질서가 잡히게 하는 것이다. 그러므로 신은 질서라는 한 마디 말의 근본을 추구하여 예전의 총서를 짓는 바이다.

123 구언(求言) : 임금이 신하의 직언(直言)을 구하는 것. 천재지변이 있을 때 흔히 구언(求言)의 교지(敎旨)가 내려진다.

124 천조(天朝) : 명(明)나라.

125 표문(表文) : 우리나라에서 명(明) 황제에게 하의(賀儀) 또는 진정을 위하여 보내는 글.

126 도형(圖形) : 공신의 초상화를 그려 주는 것.

127 기공(紀功) : 공신의 공적을 비에 새겨 놓는 것.

128 향음주(鄕飮酒) : 주(周)대에 지방에서 3년 동안의 학업을 닦은 사람 중에서 우수한 사람을 임금에게 천거할 때 그를 송별하기 위하여 향대부(鄕大夫)가 베풀던 전별(餞別)의 잔치. 《주례(周禮)》 〈지관 향대부(地官 鄕大夫〉, 《의례(儀禮)》 〈향음주예편(鄕飮酒禮篇)〉에도 같은 내용이 실려 있다. 《예기(禮記)》에도 〈향음주의편(鄕飮酒義篇)〉이 있는데, 이에 의하면 향음주(鄕飮酒)에는 네 가지 종류가 있다. 첫째는 3년마다 현능자(賢能者)를 빈흥(賓興)하는 것. 둘째는 현대부(賢大夫)가 나라 안의 현자(賢者)와 술을 마시는 것. 셋째는 주장(州長)이 습사(習射)하면서 술을 마시는 것. 넷째는 당정(黨正)이 사제(蜡祭)를 지내며 술을 마시는 것. 향음주(鄕飮酒)의 성격은 시대에 따라서 조금씩 다르나 대체로 존현(尊賢) · 양로(養老)의 뜻을 지켜 왔다.

恭惟主上殿下 上以應乎天 下以順乎人 作其卽位 稽古經邦 庶事萬類 以序以和 禮樂之興 惟其時矣 臣以爲 禮之爲說雖多 其實不過曰序而已 朝廷主嚴 君尊而臣卑 君令而臣行 故朝覲會同 正大位而統百官 朝廷之序也 祭享主誠 人盡其誠 神格於上 故蒸嘗祼獻 事祖考而通神明 祭享之序也 宴享主和 賓獻而主酬 主侑而賓食 飮食宴樂 以睦宗戚而親臣隣 宴享之序也 至於符寶 所以通信 輿服 所以辨等 樂者 所以美功德 曆者 所以明氣候 經筵 所以勸進君德 學校 所以養成人才 設科目擧遺逸 所以廣求賢之路 求言進書 所以通上下之情 其遣使也 奉表天朝 以盡事大之誠敬 曰圖形紀功 所以重功臣而報之厚 曰謚 所以辨群臣之善惡而垂勸戒 曰旌表 所以勵節義 曰鄕飮酒 所以敎禮遜 曰冠婚喪祭 所以一風俗 此皆政事施爲之得其序也 故臣推本序之一言而作禮典摠序焉

2. 조회 | 朝會

우리나라에서는 동지(冬至) · 정조(正朝)[129] · 성절(聖節)[130]에 조회(朝會)를 행한다. 이때에는 임금이 군신(群臣)들을 인솔하여 '향궐하례(向闕賀禮 중국을 향하여 예를 표함)'를 행한다. 이때의 의식과 천자(天子)의 조칙(詔勅)이나 회사품(回賜品)을 받을 때에 행하는 의식은 모두 조정에서 반포한 《의주(儀注)》[131]에 따른다. 예하(禮賀)가 끝나면 정전(正殿)에 앉아서 군신(群臣)의 조알(朝謁 아침인사)을 받는다. 탄절(誕節 천자의 생일)에는 수(壽)를 경축하는 예식을 행하는데 동지(冬至) 정조(正朝) 때의 의식과 더불어 '삼대조회(三大朝會)'라고 일컫는다. 입춘(立春)[132]과 인일(人日)[133]에는 당직을 맡은 재신(宰臣)이 백관을 정렬시켜 놓고 조회를 행하는데, 이를 '소조회(小朝會)'라고 부른다. 국내에 교지(教旨)나 유지(宥旨)를 내릴 적에는 교서를 열어서 읽는 의식을 행하며, 봉작(封爵)과 추숭(追崇)[134]의 일이 있을 때에는 중국에 책봉(冊封)을 건의하는 사신을 보내는 의식이 있다. 무릇 임금이 행행(行幸 행차)하는 것을 '배봉(陪奉)'이라 한다. 5일마다 한 번씩 정사(政事)를 듣고 결정하는 '아일(衙日)'[135]이라 하며, 재상을 임명하는 것을 '선마(宣麻)'라고 한다. 신하가 임금의 제사를 대신 행하는 것을 '축판친전(祝版親傳)'이라고 한다. 이러한 일에는 각각 특수한 의식이 있다. 우리 주상께서는 정전에 단정히 앉아 있는 모습이 바라보기에 황황스럽고, 의장대가 숲처럼 늘어서고, 의관(衣冠)이 정숙하고 아름다우며, 가르치고 명령하는 모습이 의젓하고, 말하고 훈계하는 태도가 절실하며, 오르고 내리면서 걷는 모습과 엎드리고 절하는 모습 등이 근엄하면서도 태연하고, 온화하면서도 장중하며, 울연하면서도 찬연하여 정말 칭송하고 숭상할 만하다. 주

129 정조(正朝) : 음력 초하룻날.
130 성절(聖節) : 명(明) 황제의 탄일(誕日).
131 의주(儀注) : 예법 및 길흉 행사를 적은 책.
132 입춘(立春) : 24절기의 첫째. 대한(大寒)과 우수(雨水) 사이. 양력 2월 4일경.
133 인일(人日) : 음력 정월 초이레. 이날의 날씨로 그해의 모든 일을 점친다고 함.
134 추숭(追崇) : 왕위에 오르지 못하고 죽은 사람에게 임금의 칭호를 올리는 것.
135 아일(衙日) : 매월 5, 11, 21, 25일에 정사를 청단하는 것.

상의 이러한 언어 동작은 마땅히 일대의 규범으로 삼아서 후세 사람에게 밝게 보여 주는 것이 망극한 일이다. 사신을 보내고 맞을 때의 여러 절차와 주군(州郡)의 수령들이 왕명을 받들어 지방에 내려가는 의례, 그리고 관리들 상호간의 상견례(相見禮)에 관하여는 각각 그 종류에 따라서 부기하는 바이다.

國家朝會 冬至正朝聖節 則率群臣向闕行禮及接詔受賜之儀 一依朝廷頒降儀注爲之禮訖 坐正殿 受群臣朝 誕節則行慶壽之禮 如冬至正朝之儀 謂之三大朝會 立春人日則當直宰臣押班 謂之小朝會 及敎宥境內 則有敎書開讀之儀 行封爵追崇之事 則有發册遣使之儀 凡所行幸 則謂之陪奉 五日一聽政 則謂之衙日 命相 則謂之宣麻 攝行祭祀則謂之祝版親傳 各有其儀焉 恭惟主上端拱正殿 望之皇皇 仗儀森列 衣冠肅穆告敎詞命之懿 進言陳誠之切 升降周旋 俯伏拜興 嚴而泰 和而莊 蔚然粲然 可尙可嘉宜其勒成一代之典 昭示罔極焉 其使臣諸節 州郡守令迎命之禮 及自相見禮 各以類附焉

3. 종묘 | 宗廟

임금은 천명(天命)을 받아 나라를 열고 나서 반드시 종묘(宗廟)를 세워서 조상을 받들어 모신다. 이것은 자기의 근본에 보답하고 조상을 추모하기 위한 것이니 매우 큰 도(道)다.

공덕(功德)이 있는 조상은 조(祖)나 종(宗)으로 삼아서 위패를 다른 곳으로 옮기지 않는 군주〔불천지주(不遷之主)〕로 받들어야 한다. 그러므로 《서경(書經)》에 "칠세(七世)의 묘(廟)[136]가 있으면 가히 덕을 볼 수 있다"[137]고 하였다.

전하께서는 즉위한 뒤에 아버지 되는 환왕(桓王)[138] 위로 사대(四代)[139]의 조상을 추숭하여 왕의 작위를 드리고, 묘실(廟室 신주를 모신 집)을 세워서 신주(神主)를 봉안하였다. 제사에 쓰는 희생(犧牲)과 폐백(幣帛)의 수량, 보궤(簠簋)〔어떤 본(本)에서는 보거(莆筥)로 되어 있음〕· 변두(籩豆) 등 제기(祭器)의 품질, 그리고 신주를 올리고 절하고 축문(祝文)을 읽는 예절 등을 자세히 강구하여 책에 기록해 두었다. 예조(禮曹)는 이것에 의거하여 필요한 때마다 제사를 거행하며, 모든 관부는 분주하게 자기 직책을 경건하게 수행하지 아니함이 없으니 공경함이 지극하다 하겠다.

王者受命開國 必立宗廟 以奉其先 蓋報本追遠 厚之道也 其有功德者 祖而宗之 以爲不遷之主 故書曰 七世之廟 可以觀德 殿下卽位 追崇皇考桓王以上四代 加以王爵 以立廟室 以安神主 其牲牢幣帛之數 簠簋〔簠簋 一本 作莆筥〕 籩豆之品 祼獻拜祝之節 講之甚熟 書之于策 禮曹以時 請而行之 百司庶府 莫不奔走虔供其職 敬之至也

136 묘(廟) : 태조(太祖)의 묘(廟)와 삼소(三昭) · 삼목(三穆)을 일컬음. 조상의 신주(神主)를 사당에 모시는 차례를 소(昭), 목(穆)이라 하는데, 시조의 1세(世)를 가운데에 모시고 2 · 4 · 6세를 왼쪽 줄에 모시어 소(昭)라 하며, 3 · 5 · 7세를 오른쪽 줄에 모시어 목(穆)이라 한다.

137 《서경(書經)》의 〈상서 성유일덕(商書 成有一德)〉. 《예기(禮記)》 〈왕제(王制)〉에도 있음.

138 환왕(桓王) : 이자춘. 이성계의 아버지.

139 사대(四代) : 이안사(李安社 목왕(穆王), 고조) · 이행리(李行里 익왕(翼王), 증조), 이춘(李椿 도왕(度王), 조부), 이자춘(李子春 환왕(桓王), 부).

4. 사직 | 社稷

사(社)는 토신(土神)이며 직(稷)은 곡신(穀神)이다. 사람이란 토지가 없으면 존립할 수가 없고, 곡식이 없으면 살아갈 수가 없다. 그러므로 천자에서 제후에 이르기까지 인민을 가진 자는 모두 사직(社稷)을 설치하는 것이니 이것은 인민을 위하여 행복을 가져오는 제사를 지내기 위함이다.
우리나라에서는 사직을 설치하여 여기에 바치는 희생은 가장 살찐 것을 사용하고 제기(祭器)와 폐백(幣帛)은 가장 정결한 것을 사용하며, 술잔을 세 번 올리고 팔성악(八成樂)을 제악(祭樂)으로써 연주한다. 그리고 제사를 집행하는 여러 관리가 있어서 때에 맞춰 제사를 거행하고 있으니 인민을 중히 여기는 뜻이 이렇듯 큰 것이다.

社者 土神也 稷者 穀神也 蓋人非土不立 非穀不生 故自天子至諸侯 有人民者 皆得置社稷 蓋爲民求福之祭也 國家立社稷 犧牲 致其肥腯 器幣 致其淨潔 獻以三終 樂以八成 皆有司存 以時擧行 重民之意大矣

5. 적전 | 籍田

농업은 만사(萬事)의 근본이다. 적(籍 왕의 친경(親耕))은 권농(勸農)의 근본이다. 종묘(宗廟)의 제사에 쓰는 서직(黍稷 곡식)과 군국(軍國)의 재용(財用)이 모두 농업에서 나오는 것이며, 민생이 이로써 풍성해지고, 풍속이 이로써 순박해지는 것이다. 그러므로 농사는 만사의 근본이라고 하는 것이다. 임금이 적전(籍田)에서 몸소 밭갈이를 함으로써 농업을 솔선수범하면 하민(下民)들이 모두 이렇게 말하게 될 것이다. "임금처럼 존귀한 사람이 농사를 숭상하여 몸소 밭갈이를 하거늘, 하물며 아래 백성들의 천한 몸으로서 어찌 가만히 앉아서 농사를 짓지 않는 것이 옳은 일이겠는가!" 그리하여 사람들은 너도나도 모두 전답(田畓)으로 나아가게 되고, 농업이 진흥하게 될 것이다. 그런 까닭에 적전은 권농의 근본이라고 말하는 것이다.
우리나라에서는 적전을 설치하여 영(令)과 승(丞)으로써 이를 관장하게 하였다. 적전에서의 경작과 제사의 방법에 대하여는 신(臣)이 자세히 편저하여 전하의 중농의 뜻을 보여주고자 한다.

農者 萬事之本也 籍者 勸農之本也 蓋宗廟之粢盛 軍國之財用 皆出於農 而民生以之而番庶 風俗以之而淳厚 故日 農者萬事之本也 人君親耕籍田 以先於農 而下民皆日且以人君之尊 尙且身爲之耕 況以下民之賤 安坐而不耕 其可乎哉 於是 人人皆赴南畝 而農事興矣 故日 籍者勸農之本也 國家置籍田令丞 以掌籍耕祭祀之法 臣悉著之于篇 以見殿下重穀之意焉

6. 풍 · 운 · 뇌 · 우 | 風雲雷雨

바람 · 구름 · 우레 · 비는 오곡(五穀)[140]을 살찌게 하고 그 품류를 이루게 하는 것으로서 만물에 미치는 혜택이 지극히 큰 것이다.

우리나라에서는 천자(天子)의 조지(詔旨)를 아름답게 받들어서 나라의 남쪽에 제단[祭壇 남단(南壇)]을 설치하고, 주무 당국이 때에 맞추어 제사를 지낸다. 이로써 사대(事大)의 예와 신(神)을 공경하는 뜻을 동시에 다할 수 있는 것이다.

風雲雷雨 滋五穀 遂品彙 則其澤物也至矣 國家欽奉詔旨 立其壇于國之南 有司以時致祭焉 其事大之禮 敬神之義 一擧而盡矣

140 오곡(五穀) : 다섯 가지 곡식. 쌀 · 수수 · 보리 · 조 · 콩. 또는 쌀 · 보리 · 콩 · 수수 · 메기장. 또는 막연히 중요한 곡식이라는 뜻도 있음.

7. 문묘〔공자묘〕| 文廟

천하가 통틀어 제사를 지내는 것은 오직 문묘(文廟)[141]뿐이다.

우리나라에서는 안으로는 경성(京城)으로부터 밖으로는 주군(州郡)에 이르기까지 모두 문묘(文廟)를 가진 학교〔향교〕를 세워서 매년 봄 2월과 가을 8월의 첫 번째 정일(丁日)[142]에 예로써 제사를 지낸다. 성교(聖教 공자의 가르침. 곧 유교)는 천하에 있어서 마치 해와 달이 하늘을 운행하는 것과 같이 광명을 던져 주는 것이니 모든 임금이 이것으로써 규범을 삼고, 만세에 이것으로써 사표를 삼는 것이다. 성교는 언어로써 형용할 수 없는 바가 있다. 성교는 인성(人性)의 고유한 것에 뿌리를 박고 있으며, 인심(人心)의 공통성에 근거하고 있다. 이것은 어찌 신의 이야기를 기다릴 필요가 있겠는가. 전하께서는 문묘 제사에 필요한 제물을 넉넉하게 하고 제기(祭器)를 정결하게 하여 선생〔공자(孔子)〕을 존경하고 유도(儒道)를 존중하는 뜻을 극진하게 하였으니 이를 적어 두는 바다.

天下之通祀 惟文廟爲是 國家內自國都 外至州郡 皆建廟學 當春秋二仲上丁之日 祀之以禮載 惟聖教之在天下 如日月之行乎天 百王以之爲儀範 萬世以之爲師表 蓋有不可以言語形容者 而其根於人性之固有 而人心之所同然者 亦豈待臣之言哉 惟殿下豐其餼饎 潔其器皿 以致尊師重道之意 則可得而書也

141 문묘(文廟) : 공자(孔子)를 모신 사당(祠堂). 문선왕묘(文宣王廟)라고도 한다.

142 정일(丁日) : 이른바 상정지일(上丁之日)이라 하는 것으로 12간지로 표시되는 날짜 가운데서 그 달의 첫 번째 정자(丁字)가 든 날을 말함. 상정지일(上丁之日)을 택하여 제사를 지내는 이유는, 정장성취(丁壯成就)라는 뜻에서 나온 것으로서 공부하는 사람들의 예업(藝業)이 이루어지기를 희망하는 뜻에서이다.

8. 제신사전 | 諸神祀典

무릇 사전(祀典)[143]에 올라 있는 것은 모두 백성에게 공덕이 있는 것이니, 보답하지 않으면 안 된다. 산천(山川)의 신(神)을 제사하는 것은 그들이 구름과 비를 일으켜서 오곡(五穀)을 무르익게 하고 인민의 식량을 풍족하게 해 주기 때문이다. 옛날의 성현(聖賢)들을 제사하는 것은 그들이 때를 만나서 도(道)를 실행하여 백성들을 편안하게 구제하고 법과 교훈을 세우고 내려 주어서 후세에 밝게 제시하여 주었기 때문이다. 그러므로 이들은 모두 사전(祀典)에 올려서 장기적인 제사를 지내야 한다. 사전에 오르지 않은 것을 제사 지내는 것은 단순한 아첨에 지나지 않는 것으로서 예가 아니며 음탕하기만 하여 복을 가져다 주지 않으니 이것은 마땅히 금해야 한다.

凡載祀典者 皆有功德於民 不可不報者也 其祀山川之神 以其興雲雨滋五穀 足民食者也 其祀古昔聖賢 以其得時行道 康濟斯民 立法垂訓 昭示後世 故皆載之祀典 以爲常祭 其不載祀典者 諂而非禮 淫而無福 在所當禁

143 사전(祀典) : 제사의 예전(禮典).

9. 연향 | 燕享

임금과 신하는 엄숙함과 공경함을 중요하게 여긴다. 그러나 한결같이 엄숙하고 공경하기만 하면 자연히 서로 사이가 멀어지고 정이 서로 통하지 않게 된다. 그런 까닭에 선왕께서 연향(燕享)의 예를 만들어서 임금과 신하가 서로 친하여 빈주(賓主 빈객과 주인)라 부르고, 서로 존경하여 제부(諸父) · 제구(諸舅)라고 부르기도 하였다.

연향을 열 때에는 음식을 풍부하게 차리고 태도를 겸손하고 정중하게 가져 가르침과 깨우침을 받도록 한다.

《주시(周詩)》[144]에 "종과 북을 치게 하여 지체 없이 연회를 베풀어 대접하리라"[145] 하였고, 또한 "나를 어여삐 여기어 나에게 대도(大道)를 교시(敎示)해 주소서"[146]라고 한 것이 바로 그것을 말한 것이다. 우리나라에서는 예빈시(禮賓寺)를 설치하여 연향을 관장하게 하였는데, 술잔을 올리는 횟수와 안주를 풍부하게 차리고 적게 차리는 데 있어서 일정한 제도가 있다. 여기에 그것을 모두 적는다.

君臣以嚴敬爲主 一於嚴敬 則勢相懸絕 情不相通 先王 於是制燕享之禮 親之曰賓主 尊之曰諸父諸舅 豐其飮食 致其慇懃 而望其教誨焉 周詩曰 鐘鼓既設 一朝享之 又曰 人之好我 示我周行 此之謂也 國家置禮賓寺 以掌燕享 其酌獻之疏數 殽羞之豐儉 皆有定制 今悉著之

144 《주시(周詩)》: 《시경(詩經)》의 별칭. 오경(五經)의 하나로 중국 고대의 시집(詩集). 주(周)대의 임금이 민정을 알기 위하여 채시(采詩)라는 관(官)을 두어서 각지의 가요를 채집한 것. 3천여 편 중에서 공자(孔子)가 305편을 뽑았다고 전한다. 민요(民謠)〔민풍(民風)〕가 과반을 차지하고, 의식용(儀式用) 내지는 귀족의 노래〔소아(小雅), 대아(大雅)〕와 제전용(祭典用)의 노래〔송(頌)〕도 있음. 한(漢)대의 모형(毛亨) · 모장(毛萇)이 전했으므로 《모시(毛詩)》라고도 한다.

145 《시경(詩經)》 〈소아(小雅)〉 〈남유가어지십 동궁(南有嘉魚之什 彤弓)〉. 동궁(彤弓)은 공이 있는 제후에게 천자가 동궁(彤弓)을 하사(下賜)하는 노래.

146 《시경(詩經)》 〈소아(小雅)〉 〈녹명지십 녹명(鹿鳴之什 鹿鳴)〉. 녹명(鹿鳴)은 천자가 군신(群臣)을 불러서 잔치하는 노래.

10. 부서 | 符瑞

옛날에는 천자는 규(圭)[147]를 가졌고, 제후는 오옥(五玉)[148]을 가지고 있었다. 이들 사이에는 비록 높고 낮은 차이는 있지만 신표(信標)를 합하여 국가의 부보(符寶)로 삼는 것은 마찬가지다. 따라서 이것을 보통 부서(符瑞)라고 하여 대대로 간직해 둔다. 우리나라에서는 상서사(尙瑞司)[149]를 설치하여 부보를 관장하게 하였으며, 아래로는 모든 관부와 밖으로는 사신과 수령에 이르기까지 모두 인장(印章)을 가지고 있다.

古者 天子執圭 諸侯執五玉 雖有尊卑之殊 其所以合信 而爲國家之寶則一也 故通謂之瑞 而世守之 本朝置尙瑞司 以掌符寶 下而百司庶府 外而使臣守令 皆有印章焉

147 규(圭) : 서옥(瑞玉). 홀. 천지(天地)를 모방하여 위는 둥글고 아래는 네모지게 만듦.

148 오옥(五玉) : 제후가 천자로부터 인신(印信)으로 받는 옥(玉). 공(公)은 환(桓). 규후(圭侯)는 신규(信圭), 백(伯)은 궁규(躬圭), 자(子)는 곡벽(穀璧), 남(男)은 포벽(蒲璧)을 가지며 이를 오옥(五玉)이라 한다.

149 상서사(尙瑞司) : 뒤에 상서원(尙瑞院)으로 개칭. 새보(璽寶) · 부패(符牌) · 절월(節鉞) 등을 관장함.

11. 여복〔거여와 의복〕| 輿服

존비(尊卑)를 구분하는 것은 명기〔名器 작위(爵位)〕보다 엄한 것이 없으며, 작위의 등급은 거여(車輿 타는 수레)와 의복(衣服)보다 구별되기 쉬운 것이 없다. 그러므로 천자와 제후로부터 인민에 이르기까지 거여와 의복에 각각 등급이 있어서, 그것을 보고 듣기를 통일하고 사람들의 마음과 뜻을 안정시켜 준다.
우리나라의 관복제도(冠服制度)는……. 〔이하 2행이 결락됨〕

尊卑之分 莫嚴於名器 名器之等 莫辨於輿服 故天子諸候 以至臣庶 各有等第 所以一其視聽 定其心志也 國家冠服之制〔以下二行缺〕

12. 악 | 樂

악(樂)이란 인간의 올바른 성정(性情)에서 근원하는 것으로, 소리와 글의 수단을 빌어서 표현된 것이다. 종묘(宗廟)의 악(樂)은 조상의 성스런 공덕을 찬미하기 위한 것이며, 조정(朝廷)의 악은 임금과 신하 사이의 장엄한 존경심을 지극하게 하기 위한 것이다.

지방의 마을이나 가정에서도 각기 일에 따라서 악(樂)을 행하지 않음이 없다. 그리하여 악은 유계(幽界 죽음의 세계)에서는 조상을 감동시키고, 명계(明界 살아 있는 세계)에서는 군신을 화합하게 하는 것이며, 이를 마을과 온 나라에 확대하면 교화가 실현되고 풍속이 아름다워지는 것이다. 악의 효과는 이렇듯 큰 것이다.

우리나라에서는 아악서(雅樂署)[150]를 설치하여 이것을 봉상시(奉常寺)[151]에 소속시켰다. 종묘의 악에는 당악(唐樂)[152]과 향악(鄕樂)[153]이 있는데 이것은 전악서(典樂署)에서 관장한다. 악은 또한 조정에서도 사용하고 연향(燕享)에서도 사용한다. 그 밖에 문덕(文德) · 무공(武功)의 곡(曲)[154]을 새로이 지었는데, 이것은 전하의 성스런 덕과 신(神)과 같은 공업(功業)을 서술하여 새 왕조 창업의 어려움을 형용한 것이다. 이 악곡에는 고금의 문장이 갖추어져 있다. 이른바 공업(功業)이 이루어지면 악이 지어지고, 악을 보면 공덕을 알 수 있다는 말에 어찌 거짓이 있겠는가!

150 아악서(雅樂署) : 공양왕(恭讓王) 3년에 설치되어 종묘(宗廟)의 악(樂)을 관장.

151 봉상시(奉常寺) : 조선 때 제사와 의시(議諡)를 관장하던 관청. 고려시대 전의사(典儀寺)의 후신.

152 당악(唐樂) : 신라 시대에 전래한 중국의 속악(俗樂).

153 향악(鄕樂) : 우리나라의 속악(俗樂).

154 곡(曲) : 태조(太祖) 2년에 정도전이 지음.

樂者 本於性情之正 而發於聲文之備 宗廟之樂 所以美祖考之盛德 朝廷之樂 所以極君臣之莊敬 以至鄕黨閨門 莫不因其事而作焉 故幽則祖考格 明則君臣和 推之鄕黨邦國 而化行俗美 樂之效深矣哉 國家有雅樂署 屬之奉常 宗廟之樂也 有唐樂有鄕樂置典樂署掌之 用之於朝會 用之於燕享 又新製文德武功之曲 述殿下盛德神功 以形容創業之艱難 古今之文 備於此矣 所謂功成而樂作 觀樂而知德者 不其信歟

13. 역 | 曆

역(曆)이란 천도(天道)의 움직임을 밝히고, 해와 달의 주기적인 운행도수(運行度數)를 정하며, 절후(節候)의 빠르고 늦은 것을 구분하는 것이다. 농사도 이것으로써 이루어지며, 여러 공적이 이것에 의거하여 밝아진다. 그러므로 성왕(聖王)은 이것을 중요시하였다.

우리나라에서는 서운관(書雲觀)을 설치하여 역에 관한 직책을 관장하게 하였다. 천체의 운행 도수를 관측하여 역을 만들고 계산하는 기술에 있어서는 수시력(授時曆)과 선명력(宣明曆)의 두 가지가 있는데, 수시력은 원(元)나라 세조(世祖) 때 만든 역이며, 선명력은 당(唐)나라 목종(穆宗) 때의 역이다. 이 둘을 때때로 절충하여 쓰고 있다. 국가에서 하늘을 공경하고 백성을 존중하는 뜻을 여기에서도 볼 수 있다.

曆者 所以明天道之運行 定日月之躔度 分節候之早晩 歲功以之而成 庶績以之而熙 故聖王重之 國家置書雲觀 以掌其職 其推步筭計之術 則有授時曆 有宣明曆 按授時 元世祖時曆 宣明 唐穆宗時曆 以時考驗 國家敬天勤民之意 可見矣

14. 경연 | 經筵

전하께서는 즉위한 뒤에 먼저 경연관(經筵官)을 설치하여 고문을 삼았다. 또한 항상 이렇게 말씀하셨다. "《대학(大學)》은 임금이 만세의 법을 세우는 데 필요한 책이다. 진서산(眞西山)은 《대학》의 뜻을 넓게 부연하여 《대학연의(大學衍義)》를 지었는데, 제왕(帝王)이 정치를 하는 순서와 학문을 하는 근본으로서 《대학》보다 나은 것이 없다." 그리하여 정사(政事)를 듣고 결정하는 가운데 여가가 생길 때마다 혹은 친히 스스로 《대학》을 읽기도 하고, 혹은 다른 사람을 시켜서 강론하게도 하였다. 비록 고종(高宗)[155]이 수시로 학업에 힘쓴 것이나, 성왕(成王)[156]의 학업이 일취월장한 옛날의 고사도 어찌 이보다 나을 수 있으리오!

殿下卽位 首置經筵官 以備顧問 常曰 大學 爲人君立萬世之程 眞西山推廣其意 作大學衍義 帝王爲治之序 爲學之本 蔑以加矣 每於聽政之暇 或親自觀覽 或使人講論 雖高宗之時敏 成王之日就 無足多讓 猗歟盛哉

155 고종(高宗) : 은(殷)의 제20대 왕 무정(武丁). 현신(賢臣) 전설(傳說)의 보좌를 얻어서 은나라를 크게 일으킴.

156 성왕(成王 B.C. 1115~B.C. 1079) : 주(周)의 제2대 왕. 무왕(武王)의 아들. 주공(周公)이 섭정(攝政)하여 정치를 흥륭시킴.

15. 학교 | 學校

학교는 교화의 근본이다. 여기에서 인륜(人倫)을 밝히고, 여기에서 인재를 양성한다. 삼대(三代)[157] 이전에는 학교제도가 크게 정비되었는데, 진(秦)·한(漢) 이후로는 학교제도가 비록 순수하고 완전하지는 못하였으나 학교를 중히 여기지 않음이 없어서 한 시대의 정치가 잘 되고 못됨이 학교가 흥하고 쇠퇴함에 좌우되었다. 그러한 역사적 발자취를 오늘날에도 역력히 살필 수 있는 것이다.

우리나라에서는 중앙에 성균관(成均館)을 설치하여 공경(公卿)·대부(大夫)의 자제와 백성 가운데서 준수한 자를 가르치고, 부학(部學)을 설치하여 교수(敎授)[158]가 아이들을 가르치고 있다. 또한 이 제도를 확대하여 지방의 주·부·군·현에도 모두 향학(鄕學 향교)을 설치하고 교수와 생도를 두었다. 병(兵)·율(律)·서(書)·산(算)·의약(醫藥)·상역(象譯)[159] 등도 역시 향교(鄕校)를 본떠서 교수를 두고 때에 맞추어 가르치고 장려하고 있어서 그 교육이 또한 지극하다.

學校 敎化之本也 于以明人倫 于以成人才 三代以上 其法大備 秦漢以下 雖不能純然莫不以學校爲重 而一時政治之得失 係於學校之興廢 已然之迹 今皆可見矣 國家內置成均 以敎公卿大夫之子弟及民之俊秀 置部學敎授 以敎童幼 又推其法 及於州府郡縣 皆有鄕學 置敎授生徒 曰兵律 曰書算 曰醫藥 曰象譯 亦倣置敎授 以時講勸其敎之也亦至矣

157 삼대(三代) : 하(夏)·은(殷)·주(周)의 세 왕조.

158 부학교수(部學敎授) : 주 61 참조.

159 상역(象譯) : 통역(通譯), 또는 통사(通事)라고도 함.

16. 공거 〔과거제도〕 | 貢擧

과거제도(科擧制度)는 그 유래가 오래다. 주(周)나라 시대에는 대사도(大司徒)[160]가 육덕(六德)[161] · 육행(六行)[162] · 육예(六藝)[163]로써 만민을 가르치고, 그 가운데서 현능한 자를 빈흥(賓興)[164]으로 뽑아서 이를 선사(選士)라 하였다.

선사 가운데 뛰어난 사람을 뽑아서 학교에 들어간 사람을 준사(俊士)라 하였다. 그리고 준사(俊士) 가운데 뛰어난 사람을 뽑아서 사마(司馬)의 역(役)을 맡게 했는데, 이를 진사(進士)라 하였다. 이렇듯 주대(周代)에는 의론이 정해진 다음에 일을 맡기고, 일을 맡긴 다음에 벼슬을 주며, 작위가 정해진 다음에 녹(祿)을 주었다. 인재를 교육함이 매우 철저하고 인재를 가려냄이 매우 세밀하였으며, 인재를 등용함이 매우 신중하였다. 그런 까닭에 성주(成周) 시대는 인재의 융성함과 정치의 아름다움이 후세에서 능히 미칠 바가 아닌 것이다. 한(漢)나라 때에는 효제(孝悌) · 역전(力田)[165] · 현량(賢良)[166] · 무재(茂才)[167] 등의 인재 등용 제도가 있었고, 위(魏) · 진(晋) 시대에는 구품중정(九品中正)[168]의 제도가 있었으며, 수(隋) · 당(唐) 시대에는 수재(秀才) · 진사과(進士科)가 있어서 그 명목이 여러 가지다. 이것들은 모두 인재

160 대사도(大司徒) : 주(周)대 육관(六官)의 하나. 교전(敎典)의 장관으로 교육을 맡음.

161 육덕(六德) : 지(知) · 인(仁) · 성(聖) · 의(義) · 충(忠) · 화(和).

162 육행(六行) : 효(孝) · 우(友) · 목(睦) · 인(婣) · 임(任) · 휼(恤).

163 육예(六藝) : 예(禮) · 악(樂) · 사(射) · 어(御) · 서(書) · 수(數).

164 빈흥(賓興) : 주 60 참조.

165 효(孝) · 제(悌) · 역전(力田) : 한(漢)나라 혜제(惠帝) 4년에 설치된 과거의 과목. 효(孝) · 제(悌)는 행실이 정숙한 사람, 역전(力田)은 부지런한 사람. 여기에 천거된 사람은 역역(力役)을 면제해 줌. 문제(文帝) 때에는 효에 백(帛) 5필(匹)을, 제(悌) · 역전(力田)에도 백(帛) 5필(匹)을 하사하였다.

166 현량(賢良) : 한(漢)나라 문제(文帝) 때에 시작된 과거의 한 과목. 직언(直言) · 극간(極諫)을 잘하는 사람을 뽑음. 현량방정(賢良方正)의 약칭.

167 무재(茂才) : 본래는 수재과(秀才科)라 하였으나 후한에 이르러 광무제의 휘(諱)를 피하여 무재(茂才)라고 고침. 무재(茂才)는 재능이 뛰어난 사람.

168 구품중정(九品中正) : 위(魏)의 문제(文帝) 때 실시한 인재 등용법. 주군(州郡)마다 중정(中正)을 두어 산군(山郡)의 인재(人材)를 9등으로 선발 · 감식케 하여 그 품(品)에 따라 관직을 주는 제도. 구품관인지법(九品官人之法)이라고도 함.

등용을 목표로 한 것들로서 비록 성주(成周) 시대처럼 인재의 융성을 가져오지는 못하였으나 한 시대의 인재가 모두 이러한 제도에서 배출되었던 것이다.

고려시대에는 광종(光宗) 시대부터 처음으로 쌍기(雙冀)[169]의 말을 받아들여서 과거법을 시행하였다. 선거(選擧)를 관장한 사람을 지공거(知貢擧)[170] · 동지공거(同知貢擧)라 불렀으며, 사부(詞賦)[171]를 시험하였다. 공민왕 대에 이르러 원(元)나라 제도를 좇아서 사부와 같은 고루한 시험을 없앴으나, 좌주(座主) · 문생(門生)[172]의 풍습이 오래전부터 행해지고 있어서 갑자기 없어지지 아니하여 식자들의 개탄의 대상이 되었다.

전하께서 즉위한 뒤로 과거법을 다시 개정하여 성균관에 명하여 사서(四書)[173] · 오경(五經)[174]을 시험하게 하니 이것은 대개 옛날의 명경(明經)[175]의 정신을 이어받은 것이다. 또한 예부(禮部)에 명하여 부론(賦論)을 시험하게 하니, 이것 또한 옛날의 박학굉사(博學宏詞)[176]의 정신을 계승한 것이다. 그런 뒤에 대책(對策)[177]을 시험하니, 이것은 옛날의 현량방정(賢良方正)[178] · 직언극간(直言極諫)의 정신을 계승한 것이다. 한꺼번에 여러 시대의 제도가 모두 갖추어진 것이니 장차 사문(私門)이 막히

169 쌍기(雙冀) : 중국 후주인(後周人)으로 고려에 귀화하였다. 956년〔광종(光宗) 7년〕에 후주(後周)의 사신을 따라 고려에 들어와 병으로 체류하다가 귀화하였다. 광종(光宗)이 그의 재주를 아껴서 한림학사(翰林學士) · 문형(文衡)에 등용, 958년〔광종(光宗) 9년〕에 왕에게 건의하여 과거 제도를 실시하게 하였다.

170 지공거(知貢擧) : 지공거(知貢擧)는 때로는 독권관(讀券官) · 도고시관(都考試官) · 고시관(考試官) 등으로 호칭이 바뀌었다.

171 사부(詞賦) : 운자(韻字)를 달아 짓는 한문시의 한 형식.

172 문생(門生) : 지공거(知貢擧)와 과거급제자(科擧及第者)는 흔히 사적인 사제관계(師弟關係)를 맺어서 급제자(及第者)는 지공거(知貢擧)에 대하여 사문(思門) 또는 좌주(座主)라 하여 문생(門生)의 예(禮)를 지켰으며 하나의 파벌을 형성하여 많은 폐단을 가져왔다.

173 사서(四書) : 《논어(論語)》《맹자(孟子)》《중용(中庸)》《대학(大學)》.

174 오경(五經) : 《시경(詩經)》《서경(書經)》《역경(易經)》《예기(禮記)》《춘추(春秋)》.

175 명경(明經) : 당(唐)나라 때 정비된 과거의 한 과목. 경학(經學)의 밝기와 덕행(德行)을 시험.

176 박학굉사(博學宏詞) : 당(唐)의 개원(開元)〔현종(玄宗)〕 19년에 실시한 과거의 과명. 해박(該博) · 능문(能文)의 인재를 뽑는 과.

177 대책(對策) : 시무책(時務策).

178 현량방정(賢良方正) : 주 166 참조.

고 공도(公道)가 열리게 될 것이요, 겉만 번지르한 유학자가 배척되고, 참된 유학자〔眞儒〕가 배출됨을 보게 될 것이다. 그리하여 정치의 융성함이 한(漢)·당(唐)을 뛰어넘어 성주(成周)를 따라갈 것이니, 아, 이 얼마나 위대한 일인가! 무과(武科)·의과(醫科)·음양과(陰陽科)·이과(吏科)·통사과(通事科)[179]에 대하여도 각기 종류에 따라 설명을 붙이고자 한다.

科擧之法 尙矣 在周大司徒 以六德六行六藝 敎萬民而賓興 其賢能曰選士 升之學曰俊士 升之司馬曰進士 論定而後官之 任官而後爵之 位定而後祿之 敎之甚勤 考之甚精 用之甚重 故成周人才之盛 政治之美 非後世所能及也 在漢曰孝弟 力田賢良 茂才 在魏晉曰九品中正 在隋唐曰秀才進士 其目多矣 要以得人爲務 雖不及成周之盛 而一時之人才 皆出於此 前朝自光王 始用雙冀之言 行科擧法 掌選者 稱知貢擧 同知貢擧 試以詞賦 至恭愍王 一遵元制 革去詞賦之陋 然所謂座主門生之習 行之甚久 不能遽除 識者歎之 殿下卽位 損益科擧之法 命成均館 試以四書五經 蓋古明經之意也 命禮部 試以賦論 古博學宏詞之意也 然後試以對策 古賢良方正直言極諫之意也 一擧而數代之制皆備 將見私門塞而公道開 浮華斥而眞儒出 致治之隆 軼漢唐而追成周矣 嗚呼盛哉 其武科 醫科 陰陽科 吏科 通事科 各以類附見焉

179 통사과(通事科) : 무(武)·의(醫)·음양(陰陽)·이과(吏)·통사과(通事科)에 대하여는 본서(本書) 〈치전(治典)〉 〈입관편(入官篇)〉 참조.

17. 거유일 〔유일 천거〕 | 擧遺逸

선비로서 야(野)에 있는 사람들 가운데에는 도덕을 지니고 있으면서도 세상에 알려지기 꺼려하는 사람이 있는가 하면, 혹은 재능을 품고 있으면서도 발탁되지 못하는 사람이 있다. 이런 사람들은 위에 있는 사람이 정성스럽게 구하고 성실하게 찾지 않으면 그가 스스로 나와서 그를 등용하게 되지는 못하는 것이다. 그런 까닭에 예를 후하게 하여 이들을 불러내야 하며, 관작을 높게 주어서 그들을 대우해야 한다. 옛날의 선왕(先王) · 철왕(哲王)들이 지극히 훌륭한 정치를 시행할 수 있었던 것도 바로 이렇게 한 까닭이었다.

전하께서는 즉위한 다음에 주무관에게 거듭 다짐하여 이렇게 명령하였다. "경학(經學)에 밝고, 행실을 수양하고, 도덕을 겸비하여 참으로 사범이 될 만한 사람, 시무(時務)에 능통하고 경국제세(經國濟世)의 재주를 지녀서 참으로 정치에 공적을 세울 수 있는 사람, 문장에 익숙하고 글씨에 솜씨가 있어서 참으로 문한(文翰)의 직책을 맡을 수 있는 사람, 법률(法律) · 산학(算學)에 정통하고 이치(吏治)에 통달하여 참으로 백성을 상대하여 다루는 일을 감당할 수 있는 사람, 지모(智謀)가 《육도(六韜)》 · 《삼략(三略)》에 통달하고, 용기가 군(軍)을 지휘할 만하여 참으로 장수가 될 만한 사람, 활쏘기와 말타기에 능숙하고, 돌멩이를 던지는 데 재주가 있어서 참으로 군무(軍務)를 담당할 수 있는 사람, 그리고 천문(天文) · 지리(地理) · 복서(卜筮 점복(占卜)) · 의약(醫藥) 가운데 한 가지 특기를 가진 사람들을 자세히 조사하고 찾아내어 조정에 보고하라." 이로써 전하께서 어진 사람을 우대하여 등용하려는 아름다운 뜻을 알 수가 있다.

士之伏於下者 或抱道德而不求聞達 或懷才能而不見擢擧 苟非上之人 求之誠而訪之勤 無以致其至而得其用矣 故厚禮以徵之 高爵以待之 古先哲王之所以興至治也 殿下卽位之初 申命有司曰 其有經明行修 道德兼備 可爲師範者 識通時務 才合經濟 可施事功者 習於文辭 工於筆札 可當文翰之任者 精於律算 達於吏治 可當臨民之事者 謀深韜略 勇冠三軍 可爲將帥者 習於射御 工於捧石 可當軍務者 天文地理卜筮醫藥 或攻一藝者 備細訪問 敦遣于朝 可見殿下側席求賢之美意矣

18. 구언진서 〔구언과 진서〕 | 求言進書

윗사람은 아랫사람에게 직언(直言)을 구하고, 아랫사람은 윗사람에게 글을 써서 바칠 수 있게 되면, 막힌 것이 트이고 가려진 것이 걷히어 상하의 정이 서로 통하게 될 것이다. 그렇게 되면 어찌 선정(善政)이 이루어지는 데 유루(遺漏)가 있을 것이며, 어찌 억울한 일이 다 풀리지 아니하겠는가?
전하께서는 즉위한 다음에 조정의 오품(五品) 이상 아문(衙門)에 명령하여 각각 백성을 편안하게 할 조항을 피력하게 하여 그 가운데 가장 좋은 것을 가려내어 교서(敎書)로서 지어서 중외(中外)에 포고하였다. 이로부터 비록 초야에 있는 사람이라도 글을 써서 올려서 정사를 직언하는 자가 더욱 많아지게 되었다. 신은 그 가운데 견문이 참으로 받아들일 만한 것을 골라서 적어 보기로 하겠다.

上之求於下者以言 下之進於上者以書 則決壅去蔽 上下之情通矣 何善之有遺 何冤之不伸哉 殿下卽位之初 命隨朝五品以上衙門 各陳便民條畫 擇其尤善者 著之敎書 布告中外 自是 雖在草野 進書言事者 尙多有之 臣取其見聞之有徵者而書之

19. 견사〔사신의 파견〕| 遣使

우리나라는 예(禮)로써 사대(事大)를 행하여 중국과 통교하고 공물(貢物)을 바치며, 세시(歲時)로 사신을 파견한다. 이것은 제후의 법도를 닦고 제후의 직무를 보고하기 위한 것으로서[180] 진실로 학문이 풍부하고 말을 잘하여 군명을 완성하고 나라의 아름다움을 선양할 수 있는 사람이 아니면 어찌 이러한 일을 감당할 수가 있겠는가? 전하께서 즉위한 이래로 무릇 조정사(朝正使)[181] · 성절사(聖節使)[182] · 진표사(進表使)[183] · 진전사(進箋使)[184]로 간 사람들이 그러한 일을 감당한 사람들로서 그들의 성명을 아는 대로 모두 적으려 하는 바이다.

本國 事大以禮 朝聘貢獻 歲時遣使 所以修侯度 而述所職也 苟非學問之富 辭命之善 足以專對命 而揚國美者 疇克當是選哉 殿下卽位以來 凡朝正 聖節 進表 進箋使者 乃其人也 其姓名可考者 悉書之

180 조선과 명은 이른바 사대조공관계(事大朝貢關係)를 맺었다. 이것은 의례상 명의 제후국(諸侯國)이 되는 것을 의미한다. 그러나 사대 관계는 어디까지나 의례적인 불평등 관계일 뿐, 민족적 이익이 이로써 침해되거나 국가적 자주권이 근본적으로 제약당하는 식민지적 종속 관계와는 판이한 것이다. 그것은 쌍무적(雙務的)인 의리를 바탕으로 한 평화적인 국제 질서이며, 사대 관계를 능동적으로 수용한 정도전 일파의 대명(對明) 자세는 의타와 비굴로써 특징지어지는 것이 아니라, 도리어 명의 부당한 간섭과 고압(高壓)을 배격하여 천자국(天子國)으로서의 도덕 규범의 실천을 요구함으로써 민족국가의 자주성을 키우고, 나아가서는 문화적으로도 삼대(三代) 이후의 후락(後落)된 중국 문화 수준을 추월하여 삼대(三代)의 이상을 반도에서 실현한다는 적극적이고도 의연한 자세를 지니고 있었음에 유의해야 할 것이다.

181 조정사(朝正使) : 정월 원단에 명 황제에 대한 신년 축하를 위하여 보내는 사신.

182 성절사(聖節使) : 명 황제의 탄일을 축하하기 위하여 보내는 사신.

183 진표사(進表使) : 명 황제에게 표문(表文)을 바치기 위한 사신. 표문이란 중국 황제에게 하의(賀儀)나 진정(陳情)을 위하여 보내는 글.

184 진전사(進箋使) : 명의 황태후 · 황후 · 황태자에 대하여 보내는 전문(箋文)을 가지고 가는 사신.

20. 공신도형사비 | 功臣圖形賜碑

삼가 생각하건대, 전하께서는 영특한 훈모(訓謨)와 위대한 계략을 천성으로 타고 났으며, 그윽한 인자스러움과 후덕한 은택이 인심에 결합되어 일조에 왕위에 오르시어 신과 인민의 주인이 되시니, 이는 모두 전하의 덕의 소치인 것으로 신하들이야 무슨 공이 있겠는가! 그런데도 전하께서는 겸양이 깊어서 스스로 뽐내지 아니하고, 더불어 정책을 논의한 신하들을 추어올리고 표창하여 혹은 '의(義)를 떨쳐서 계책을 결정한 신하〔분의정책(奮義定策)〕', 혹은 '정책에 참여하여 협찬해 준 신하〔여문협찬(與聞協贊)〕', 혹은 '마음을 돌이켜 추대에 찬성한 신하〔귀심익대(歸心翊戴)〕'라고 이름 하여 공신(功臣)의 호칭을 차등을 두어 내려 주었다. 또한 공신을 위하여 전각(殿閣)을 세워 주고, 초상(肖像)을 그리게 하고, 비(碑)를 세워서 공을 새겨 놓게 함으로써 후세 자손들로 하여금 눈으로 직접 보고 마음으로 감동하게 하였으며, 이를 준수하여 바꾸지 못하게 하고, 나라와 더불어 운명을 함께하게 하였다. 전하께서 후손들에게 가르쳐 보임이 이토록 원대하였던 것이다.

恭惟殿下 英謨偉略 出於天性 深仁厚澤 結於人心 一朝作其即位 爲神人之主 皆殿下之德之所致 群臣何功之有焉 殿下撝謙不伐 推奬與議之臣 以爲或奮義定策 或與聞協贊 或歸心翊戴 賜功臣號有差 立閣圖形 鐫碑記功 俾後子孫 接於目而感於心 遵守勿替 與國匹休 垂示之意遠矣

21. 시호 | 諡號

시호(諡號)라는 것은 한 가지 대표적인 장점을 뽑아내어 평생의 잘하고 못한 일을 표현하여 후세 사람들에게 권장과 징계를 보여주는 것이다. 그러므로 그것은 인륜의 명분을 밝히는 가르침에 보탬이 되는 바가 많은 것이다.

諡者 節以一惠 著平生之善惡 而示後世之勸懲焉 其有補於名教也多矣

22. 정표 | 旌表

천성을 지키고 덕을 좋아하는 양심은 사람마다 가지고 있다. 그러나 위에 있는 사람이 이것을 앞장서서 인도하지 않는다면, 아랫사람들은 보고 느껴서 흥기하여 따라갈 수가 없는 것이다. 그런 까닭에 나라에서는 법을 세워서 임금에게 충성한 사람과 부모에게 효도한 사람, 그리고 부부의 도리를 잘 지킨 사람을 위하여 모두 정문(旌門)을 세워서 표창해 줌으로써 백성들의 의로운 행동을 장려하고 풍속을 순후하게 하는 것이다. 그러므로 신은 이 편(篇)을 짓는 것이니 진실로 그러한 일이 있으면 잇달아 적어 두는 것이 옳은 일이다.

秉彝好德之良心 人皆有焉 然在上者 不先倡之 下之人 無所觀感而興起矣 故國家立法 其有忠於君 孝於親 全夫婦之道者 皆爲之旌而表之 礪行義而厚風俗也 臣故著篇名 苟有其事 續而書之可也

23. 향음주 | 鄕飮酒

향음주(鄕飮酒)[185]의 예(禮)는 선왕(先王)께서 사람을 가르치기 위한 뜻이 갖추어져 있다. 빈객과 주인이 서로 읍(揖 허리를 굽혀 인사함)하고 사양하면서 집에 올라가는 것은 존경과 겸양을 가르치기 위한 것이다. 손과 얼굴을 미리 씻는 것은 청결을 가르치기 위한 것이다. 처음부터 끝까지 매사에 반드시 절을 하는 것은 공경심을 가르치기 위한 것이다. 존경하고 겸양하고 청결하고 공경스런 마음을 가진 뒤에 서로 접촉하면 난폭하고 방자한 행동이 멀어지고 화란(禍亂)이 일어나지 않을 것이다. 주인이 빈객과 그들의 수행원을 미리 살펴두는 것은 어진 사람과 어리석은 사람을 구별하기 위한 것이며, 빈객을 먼저 대접하고 수행원을 나중에 대접하는 것은 귀한 사람과 천한 사람을 밝히기 위한 것이다. 현우(賢愚)가 가려지고, 귀천(貴賤)이 밝혀지면 사람은 힘씀을 알게 될 것이다. 그래서 술을 마실 때 즐거우면서도 방탕하지 아니하고, 근엄하면서도 멀어지지 아니한다. 그래서 신(臣)이 생각하기에, 엄숙하지 않으면서도 교화가 이루어지는 것은 오직 향음주가 그렇게 한다.

鄕飮酒之禮 先王所以敎人之意備矣 賓主揖讓而升 所以敎尊讓也 盥洗 所以敎致潔也 自始至終 每事必拜 所以敎致敬也 尊讓潔敬 然後相接 暴慢遠而禍亂息矣 主人謀賓介 所以辨賢愚也 先賓後介 所以明貴賤也 賢愚辨 貴賤明 人知勸矣 故其飮酒也 樂而不至於流 嚴而不至於離 臣以爲 不肅而敎成者 惟鄕飮酒爲然也

185 향음주(鄕飮酒) : 주 128 참조.

24. 관례 | 冠禮

사마온공(司馬溫公)[186]이 이르기를, "관(冠 모자를 씌움)이라는 것은 성인(成人)의 도(道)"라 하였다. 성인(成人)이란 장차 자식으로서의 행동, 아우로서의 행동, 신하로서의 행동, 젊은이로서의 행동을 책임 있게 하도록 하는 것이다. 이러한 네 가지 행동을 남에게 책임 있게 수행하기 위한 관례(冠禮)가 어찌 중요하지 않겠는가? 근세에는 인정이 더욱 경박해져서 아들을 낳으면 아직 젖을 먹고 있는 데도 건모(巾帽)를 씌우고, 관직을 가진 자는 어린 아이를 위하여 관복(冠服)을 만들어 입히고 희롱한다. 열 살이 넘어서도 총각(總角 머리를 땋음)으로 있는 사람은 거의 드물다. 저들이 어찌 위에 말한 네 가지 행동을 책임 있게 해야 한다는 것을 알고 있겠는가? 그런 까닭에 어려서부터 어른이 되기까지 어리석고 유치하기가 여전한 사람이 왕왕 있으니, 이것은 성인의 도리를 모르는 까닭이다. 신(臣)은 격언을 기술하여 성인의 도를 촉구하면서 〈관례편(冠禮篇)〉을 짓는다.

司馬溫公曰 冠者 成人之道也 成人者 將責爲人子 爲人弟 爲人臣 爲人少者之行也 將責四者之行於人 其禮可不重歟 近世人情 尤爲輕薄 生子猶飮乳 已加巾帽 有官者或爲之制公服而弄之 過十歲猶總角者 蓋鮮矣 彼責以四者之行 豈能知之 故往往自幼至長 愚騃如一 由不知成人之道故也 臣述格言 責成人 作冠禮篇

186 사마온공(司馬溫公 1019~1086) : 송(宋)대의 학자 · 정치가. 성명은 사마광(司馬光). 인종(仁宗) · 신종(神宗) · 철종(哲宗)대에 벼슬을 역임. 사후에 대사온국공(大師溫國公)을 추증(追贈)했기 때문에 사마온공(司馬溫公)이라고 함. 저서에 《자치통감(資治通鑑)》.

25. 혼례 | 婚姻

《예기(禮記)》[187]에 이르기를, "남녀 사이에 구별이 있은 뒤에 부자(父子)가 친해지고, 부자가 친해진 뒤에 의(義)가 생겨나며, 의가 생겨난 뒤에 예(禮)가 이루어지고, 예가 이루어진 다음에 만물이 편안해진다."[188] 남녀란 인륜의 근본이며 만세의 시작이다. 그런 까닭에 《주역(周易)》에서는 첫머리에 건(乾) · 곤(坤)[189]을 실었으며, 《서경(書經)》에서는 이강(釐降)[190]을 기록하였으며, 《시경(詩經)》에서는 관저(關雎)[191]를 기술하였으며, 《예기》에서는 대혼(大婚)에 관하여 공경스럽게 설명하였다. 성인이 남녀를 중히 여김이 이와 같았다. 삼대(三代) 이래로 나라의 흥망과 가정의 성쇠가 모두 이것으로 연유되지 않은 것이 없다.

근래에는 혼인하는 가정에서 남녀의 덕행이 어떠한가는 고려하지 아니하고, 다만 일시의 빈부에 좌우되어 배필을 선택하고 있다. 또한 배필을 서로 구할 적에는 드러내놓고 하지 않고 비밀로 하여, 이 사람을 중매해 놓고 저 사람에게 혼인한다. 마치 장사꾼이 물건을 파는 것과 같아서, 먼 사람을 친근하게 하고 떨어져 있는 사람을 가깝게 하는 뜻이 전혀 없다. 그리하여 혹은 옥송(獄訟)이 일어나기도 하고 혹은 침해를 입히기도 한다. 또한 친영(親迎)[192]의 예(禮)가 무너져서, 남자가 여가(女家)에 들어갔을 적에 부인이 무지하여 자기 부모의 사랑만을 믿고 남편을 가벼

187 《예기(禮記)》 : 40편, 주(周)대의 예에 관한 경서. 한(漢)대 유자(儒者)에 의하여 편찬됨. 《주례(周禮)》 · 《의례(儀禮)》와 함께 삼례(三禮)라 함.

188 《예기(禮記)》에는 이와 똑같은 문구(文句)는 보이지 않는다. 다만 《예기》 〈혼의편(昏義篇)〉에 다음과 같은 문구가 있다. "男女有別而後, 夫婦有義, 夫婦有義而後, 父子有親, 父子有親而後, 君臣有正, 故曰, 昏禮者禮之本也."

189 건(乾) · 곤(坤) : 《주역》 64괘 가운데서 제일 첫머리에 있는 괘가 '건위천괘(乾爲天卦)'이며, 그다음 괘가 '곤위천괘(坤爲天卦)'이다. 건(乾) · 곤(坤)은 양(陽) · 음(陰)을 의미하며 양음은 남녀(男女)와 상통한다.

190 이강(釐降) : 황녀(皇女)[공주(公主)]가 신하에게 시집가는 것.

191 관저(關雎) : 《시경(詩經)》 〈국풍(國風)〉의 첫머리에 나오는 시편(詩篇)으로서 남녀의 사랑을 노래한 것. 어여쁜 처녀를 짝사랑하는 백성의 노래라고도 하고, 문왕(文王)과 그 후비(后妃)와의 금슬이 좋음을 읊은 것이라고도 한다.

192 친영(親迎) : 혼인(婚姻)의 육례(六禮) 중의 하나. 신랑이 신부 집에 가서 신부를 맞이해 오는 것.

이 하는 경우가 없지 않으며, 교만하고 질투하는 마음이 날로 커져서 마침내는 남편과 반목하는 지경에 이르게 된다. 가도(家道)가 무너지는 것이 이렇듯 시작이 근실하지 못한 데서 연유하는 것이다. 그러므로 위에 있는 사람이 예를 지어서 이를 다스리지 아니하면 어떻게 풍속을 순화시킬 수 있겠는가? 신(臣)은 성경(聖經)의 뜻을 헤아리고 인륜의 근본과 만세의 시작을 삼가기 위하여 〈혼인편(婚姻篇)〉을 짓는다.

禮記曰 男女有別 然後父子親 父子親 然後義生 義生 然後禮作 禮作 然後萬物安 男女者 人倫之本 而萬世之始也 故易首乾坤 書記釐降 詩述關雎 禮謹大婚 聖人之重之也如此 自三代以來 國之興廢 家之盛衰 皆由於此 而近來婚姻之家 不論男女德行之如何 苟以一時之貧富 而取捨之 又其相求也 不暴則祕 媒此而聘彼 如商賈之售貨 無附遠厚別之意 或興獄訟 或被侵陵 又親迎禮廢 男歸女家 婦人無知 恃其父母之愛 未有不輕其夫者 驕妬之心 隨日以長 卒至反目 家道陵替 皆由始之不謹也 不有上之人制禮以齊之 何以一其風俗哉 臣稽聖經 謹本始 作婚禮篇

26. 상제 | 喪制

맹자(孟子)는 "다만 죽은 사람을 장송(葬送)하는 것은 대사(大事)에 해당한다"[193]고 말하였다. 대저 죽음이란 것은 친(親)이 끝나는 것으로써 인도(人道)의 큰 변화인 것이다. 그런 까닭에 선왕께서는 이 일을 신중히 생각하여 상제(喪制)를 만들어서 천하에 알림으로써 천하의 자식 된 사람들로 하여금 대대로 이를 지키게 하였다. 통곡하고 울부짖으며 땅을 치고 발을 구르는 것은 정(情)의 변화이다. 빈소에서는 죽을 먹고, 우제(虞祭)[194]를 지낼 때에는 채소와 미음을 먹으며, 상제(祥祭)[195]를 지낼 때에는 채소와 과일을 먹는 것은 음식의 변화이다. 왼쪽 소매를 벗고 삼으로 머리를 묶으며, 삼베로 치마를 꿰매 입는 것은 의복의 변화이다. 흙덩이를 베고 거적자리를 깔고 자며, 바깥 방에 있고 안방으로 들어오지 아니하는 것은 거주의 변화이다.[196] 자식 된 사람으로서 부모를 사랑하는 정은 이렇듯 지극한 것이다. 그런데 그것만이 아니다. 우제(虞祭)를 지내면서 곡(哭)하고, 기제(朞祭 1년상)[197]를 지내면서 슬퍼하고, 상제(祥祭 3년상) 때에는 근심하며, 기제(忌祭)[198] 때에는 추모하여 시간이 오래 지나면 지날수록 더욱 잊지 아니하는 것이다. 이것은 충심의 성(誠)에서 우러나오는 것으로 억지로 그렇게 하는 것은 아니었다.

근세 이래로 상제가 크게 무너져서 불교식으로 행하는 경우가 예사가 되었다. 그리하여 초상(初喪)을 당하면 매장도 하기 전에 진수성찬을 낭자하게 차려놓고, 종과 북소리를 떠들썩하게 울려 대며 남녀가 무질서하게 뒤섞여 웅성댄다. 상주(喪主)는 오직 손님을 응대하고 대접하는 데만 정신을 쏟고 있으니, 어느 겨를에 죽음

193 《맹자(孟子)》 〈이루하(離婁下)〉. "養生子, 不足以當大事, 惟送死, 可以當大事(살아 있는 사람을 봉양하는 것은 큰일로 칠 게 못 된다. 오직 죽은 사람을 장송(葬送)하는 것을 큰일로 칠 수 있다)."

194 우제(虞祭) : 부모의 장례를 지내는 날에 행하는 제사.

195 상제(祥祭) : 상(祥)에는 죽은 지 1년 만에 지내는 소상(小祥)과, 3년 만에 지내는 대상(大祥)이 있다. 채소와 과일을 먹는 것은 소상(小祥)에서부터다. 《예기(禮記)》 〈복문편(服問篇)〉 참조.

196 상(喪)을 당했을 때의 의식주의 변화에 관한 것은 《예기(禮記)》 〈복문편(服問篇)〉에서 인용한 것임.

197 기제(朞祭) : 소상(小祥). 죽은 지 1년 만에 지내는 제사.

198 기제(忌祭) : 기일에 지내는 제사. 주로 죽은 지 3년 이상 되는 해의 기일을 의미.

을 슬퍼하고 불쌍히 여기겠는가. 그런 까닭에 비록 100일간이나 기도를 드리는 의식을 행한다 하더라도, 얼굴이 수척하거나 슬퍼하는 기색이 없이 웃으며 말하는 것이 평일이나 다름이 없다. 지친(至親)이 죽었을 때에도 이러할진대 지친이 아닌 사람이 죽었을 때는 어떠할 것인가! 이러한 습속을 보고 들어도 마음이 태평하여 조금도 이상하게 생각하지 않는다. 자식 된 자의 정리(情理)야 고금이 다를 리 없건마는 습속이 그렇게 만들고 있는 것이다. 이른바 추천(追薦)[199]이라 하는 것도 남 보기에는 아름다우나, 마침내는 그것을 하다가 가정이 기울어지고 재산을 탕진하는 경우가 또한 있다. 이것은 죽은 사람에게도 무익한 낭비일 뿐만 아니라 살아 있는 사람에게도 무궁한 근심을 끼치고 있으니 그 헛됨을 충분히 알 수 있는 것이다. 위에 있는 사람이 법을 만들어서 이를 막지 않는다면 그 폐단은 이루 다 말할 수 없을 것이다.

전하께서는 즉위한 뒤에 기강을 확립하고 옛날 성인의 법도를 본받았는데 특히 예전(禮典)에 가장 뜻을 기울여 주무관에게 명령하여 예를 연구, 수정케 하여 성법(成法)을 갖기에 이르렀다. 신은 사람이 행하여야 할 도리를 중히 여기고 대사(大事 喪葬)를 소중히 여기는 마음에서 〈상제편(喪制篇)〉을 짓는다.

199 추천(追薦) : 죽은 사람을 위하여 절에서 공양하는 불교 의식.

孟子曰 惟送死可以當大事 夫死者 親之終而人道之大變也 故先王愼之 作喪制 達之天下 使天下之爲人子者 世守之 哭泣擗踊 情之變也 殯而食粥 虞而食蔬食菜羹 祥而食菜菓 飮食之變也 袒括齊衰 服之變也 枕塊寢苫 外而不內 居之變也 人子愛親之情 至此極矣 然猶未也 虞而哭 朞而悲 祥而憂 忌而慕 愈久而愈不忘 蓋亦出於中心之誠 非勉而爲之也 近世以來 喪制大壞 例以浮圖之法治之 初喪未葬 珍羞盛饌之狼藉 鐘鼓之喧轟 男女之混雜 而主喪者 惟應對供辦之不給是慮 何暇哀死而恤亡哉 是以 雖居百日之制 無慼容慘色 而笑語如平日 至親如此 況其下者乎 見聞習俗 恬不爲怪 蓋以人子之情 無古今之異 而習俗使之然也 其所謂追薦者 直爲人觀美耳 而卒至於傾家破產者 亦有焉 在死者 爲無益之費 而貽生者 無窮之患 多見其妄也 不有在上者 作法以防之 其弊有不可勝言者矣 殿下卽位 立經陳紀 動法古聖 其於禮典 尤致意焉 命有司講明修定 皆有成法 臣重人紀 愼大事 作喪制篇

27. 가묘 | 家廟

이천선생(伊川先生)[200]이 말하기를, "관(冠) · 혼(婚) · 상(喪) · 제(祭)는 예(禮) 가운데 가장 큰 것"이라고 하였다. 요새 사람들은 이것을 전혀 이해하지 못하고 있다. 승냥이나 수달도 모두 제 근본에 대한 보답을 알고 있는데, 요즘 사대부(士大夫)들은 대부분 이것을 소홀하게 생각하고 있다. 그리하여 산 사람을 봉양하는 데는 후하나 선조(先祖)를 제사하는 데는 박하니 이것은 매우 옳지 않은 일이다. 무릇 죽은 사람을 섬기는 예는 산 사람을 섬기는 예보다도 후하게 해야 한다. 사람마다 집집마다 이러한 일들을 잘 수행해 나간다면 비록 어린아이라도 점차로 예의를 알게 될 것이다. 신(臣)은 격언(格言)을 기술하여 신명(神明)을 즐겁게 하기 위하여 〈제례편(祭禮篇)〉을 짓는다.

伊川先生日 冠婚喪祭 禮之大者也 今人都不理會 豺獺皆知報本 今士大夫多忽此 厚於奉養而薄於先祖 甚不可也 凡事死之禮 當厚於奉生者 人家能存得此等事數件 雖幼者可使漸知禮義 臣述格言 質神明 作祭禮篇

200 이천(伊川) : 정신(程頤). 이천(伊川)은 그의 호(號). 북송(北宋)의 학자. 정호(程顥)의 아우. 이천백(伊川伯)에 봉해졌기 때문에 이천 선생(伊川先生)이라고도 부름. 처음으로 이기철학을 제창하여 성리학의 기초를 세움.

하권

四. 정전 | 政典

1. 총서 | 摠序

육전(六典)은 모두 정(政)이다. 그런데 병전(兵典)만을 유독 정전(政典)이라고 이름 붙인 것은, 병전이 사람의 부정(不正)을 바로잡는 것이기 때문이다.[1] 그런데 자기 자신을 바르게 할 수 있는 사람이라야 남을 바르게 할 수 있다. 《주례(周禮)》를 보면, "대사마(大司馬)[2]의 직책은 첫째도 방국(邦國)을 바르게 하는 것이요, 둘째도 방국을 바르게 하는 것"이라고 하였다.[3]

병(兵)은 성인(聖人)이 버릴 수 없는 것이지만 반드시 바르게 하는 것으로써 근본을 삼았으니 성인이 병을 중요시한 뜻을 잘 알 수가 있다. 군제(軍制)를 세우는 것은 병의 직분의 한계를 밝히기 위한 것이다. 군기(軍器)를 만든 것은 병을 정예화하기 위한 것이다.

교습(敎習)은 진격과 후퇴, 그리고 찌르고 베는 기술을 기르기 위한 것이다. 정점(整點)은 병의 강·약과 용(勇)·겁(怯)을 가려내기 위한 것이다.

상(賞)은 병의 공로를 권장하기 위한 것이며, 벌(罰)은 병의 죄를 징계하기 위한 것이다. 숙위(宿衛)를 엄하게 하는 것은 서울을 중히 여기는 까닭이며, 둔수(屯戍)를 강화하는 것은 외적을 막기 위한 것이다.

공역(功役)을 부과하는 것은 병의 노동력을 징발하기 위한 것이며, 존휼(存恤)을 베푸는 것은 죽은 병사를 불쌍하게 여기기 위한 것이다. 병의 이용물로서는 말〔馬〕보다 빠른 것이 없으며, 병을 돕는 것은 식량보다 앞서는 것이 없다.

명령 전달과 대신의 호종(扈從), 그리고 경성의 순찰도 모두 병가(兵家)에서 없어서는 안 될 일들이다. 따라서 마정(馬政)·둔전(屯田)·역전(驛傳)·지종(祗從) 등

1 〈정전(政典)〉의 '정(政)' 자(字)는 정(正 바르게 한다)과 같은 글자이다. 《주례(周禮)》 〈사마정관지속 정현주(司馬政官之屬 鄭玄註)〉 및 《논어(論語)》 〈안연편(顔淵篇)〉.

2 대사마(大司馬) : 《주례(周禮)》 육관(六官) 가운데 정전(政典)〔하관(夏官)〕의 장관. 군사(軍事)를 장악.

3 《주례(周禮)》에서는 정전(政典)의 직책을 "방국(邦國)을 바르게 하고, 백관(百官)을 바르게 하고, 만민을 고르게 한다〔以平邦國, 以正百官, 以均萬民〕"고 하였다.

을 각각 종류별로 부기하는 바이다. 재변(災變)이 없는 평상 무사할 때 무사(武事)를 강습해야 할 것이며, 무사의 강습은 반드시 사냥을 통해서 해야 한다. 이것이 정전(政典)의 서론이다.

六典皆政也 獨於兵典言政者 所以正人之不正也 而惟正己者 乃可以正人也 考之周禮大司馬之職 一則曰正邦國 二則曰正邦國 兵非聖人之得已 而必以正爲本 聖人重兵之意可見矣 立軍制 明其分數 作軍器 致其精利 教習 所以便進退擊刺 整點 所以簡強弱勇怯 賞以勸其功 罰以懲其罪 嚴宿衛 以重於內 謹屯戍 以捍於外 課功役 以程其力 加存恤 以哀其亡 兵之用 莫急於馬 兵之資 莫先於食 至於傳命騶邏 皆兵家之不能無者 故馬政 屯田 驛傳 祗從 各以類附焉 當平居無事之時 其講武事也 必因田獵 此政典之敍也

2. 군제 | 軍制

주(周)나라 제도는 병(兵)과 · 농(農)이 일치하였다. 무사할 때에는 비(比) · 여(閭) · 족(族) · 당(黨) · 주(州) · 향(鄕)[4]이 되어 사도(司徒)[5]에 소속되었으며, 유사시에는 오(伍) · 양(兩) · 졸(卒) · 여(旅) · 사(師) · 군(軍)[6]이 되어 사마(司馬)[7]에 소속되었다. 그러나 무사할 때에도 매년 농한기를 이용하여 무사(武事)를 강습하였기 때문에 유사시를 당하여도 언제나 이에 대처할 수가 있었다. 또한 이 제도에서는 양병(養兵)의 비용도 필요 없고 징병(徵兵)의 번거로움도 없으면서 위급한 사태에 신속히 대처할 수 있었으니, 이것이 주나라 제도의 장점이었던 것이다. 관중(管仲)은 그 나라〔齊나라〕를 3분(分)하여 21향(鄕)을 만들어서 내정(內政)을 잘하고, 여기에 군령(軍令)을 병행시켰다. 그 군대는 비록 주나라의 그것에는 미치지 못하였으나 당시로서는 가장 잘 통솔된 군대라고 불리었으며 드디어 천하의 패자가 될 수 있었다. 한(漢)나라의 남북군(南北軍)[8]이나 당(唐)나라의 부병(府兵)[9] 또한 참으로 받아들일 만한 점이 있으나 장단점을 따질 것이 없는 것은 아니다.

우리나라에서는 중앙에 부병(府兵)[10]이 있고, 그 밖에 주군(州郡)에서 당번이 되

4 주(周)대의 지방자치 조직으로서 다섯 가호를 비(比)라 하고, 5비(比)〔25가(家)〕를 여(閭)라 하였으며, 4여(閭)〔100가(家)〕를 족(族)이라 하고, 5족(族)〔500가(家)〕을 당(黨)이라 하고, 5당(黨)〔2,500가(家)〕을 주(州)라 하고, 5주(州)〔12,500가(家)〕를 향(鄕)이라 하였다.
《주례(周禮)》〈지관(地官)〉, "大司徒 令五家爲比, 使之相保, 五家爲閭, 使知相受, 四閭爲族, 使之相葬, 五族爲黨, 使之相救, 五黨爲州, 使之相賙, 五州爲鄕, 使之相賓."

5 사도(司徒) : 《주례(周禮)》〈육관(六官)〉 가운데 교관(敎官)〔지관(地官)〕의 장관.

6 '5인(人)을 오(伍), 5오(伍)를 양(兩), 4양(兩)을 졸(卒), 5졸(卒)을 여(旅), 5여(旅)를 사(師), 5사(旅)를 군(軍)'이라 함. 《주례(周禮)》〈지관(地官) 소사도(小司徒)〉.

7 사마(司馬) : 주 2 참조.

8 남북군(南北軍) : 한(漢)나라 남북군제에 관하여는 《경제문감(經濟文鑑)》〈위병편(衛兵篇)〉에 설명되어 있음.

9 부병 제도(府兵制度) : 이것도 역시 《경제문감》〈위병편〉에 설명되어 있다.

10 부병(府兵) : 10위(衛)〔10사(司)〕의 군인을 가리킴.

어 상경한 숙위(宿衛)의 병사[11]가 있으며, 지방에는 육수병(陸守兵)[12]과 기선병(騎船兵)[13]이 있다. 우리나라의 군제는 모두 시험해 볼 만한 것이다. 신(臣)은 먼저 역대의 제도를 설명하고, 뒤에 가서 우리나라의 군제를 설명하여 〈군제편(軍制篇)〉을 짓는다.

周制 兵農一也 無事 則爲比閭族黨州鄕 屬於司徒 有事 則爲伍兩卒旅師軍 屬於司馬 然當其無事之時 每於農隙講武事 故當有事 則皆可爲用也 無養兵之費 徵兵之擾 而緩急易以應變 周制之善也 管仲三分其國 爲二十一鄕 作內政 以寓軍令 雖不及周制之善 當時號爲節制之師 而遂霸天下 漢之南北軍 唐之府兵 其法雖若可取 而不能無得失之可議者焉 國家 內則有府兵 有州郡番上宿衛之兵 外則有陸守之兵 有騎船之兵 其制皆可考也 臣先述歷代 而後及國家 作軍制篇

11 이들을 시위패(侍衛牌)라고 불렀다.

12 육수병(陸守兵) : 육군. 이 중에는 마병(馬兵)과 보병이 있다.

13 기선병(騎船兵) : 수군, 또는 선군(船軍)이라고도 부름.

3. 군기 | 軍器

하늘은 오재(五材)[14]를 만들 적에 금(金)을 그 첫 번째에 두었다. 금은 사계절에 있어서는 가을이 되어 초목을 말라 죽게 하며, 사람에 있어서는 병기(兵器)가 되어 사람을 죽인다. 이것은 천지의 의(義)로서 이용가치로 보아 없어서는 안 될 것이다. 그런 까닭에 주(周)나라에서는 병기(兵器)를 주관하는 관속을 두어 병기의 명칭과 등급을 구분하여 군사를 가르쳤으며, 역대로 무고(武庫 무기창고)를 설치하여 군용에 쓸 수 있도록 준비하였다.

우리나라에서는 군기감(軍器監)을 설치하여 공장(工匠)들이 군기(軍器)를 만드는 일을 관장하고, 밖으로는 주군에서도 군기를 제조하는 것이 연례로 되어 오고 있다. 군기의 수효를 아는 대로 적어 둔다.

天生五材 金居其一 在時 則爲秋 主肅殺 在人 則爲兵 主殺戮 蓋天地之義 用而不可無者也 故周制 置司兵之屬 辨其名物與其等 以待軍事 歷代 皆置武庫 以備軍用 國家置軍器監 專掌工匠之事 外至州郡 造軍器有年例焉 其數可考者書

14 오재(五材) : 금(金) · 목(木) · 수(水) · 화(火) · 토(土). 즉 오행(五行).

4. 교습 〔군사훈련〕 | 敎習

공자(孔子)는 말하기를 "백성들에게 전술을 가르치지 않는 것은 곧 백성을 버리는 것이다"[15]고 하였다. 《주례(周禮)》에서는 봄 사냥, 여름 사냥, 가을 사냥, 겨울 사냥으로 무사를 강습하여 때를 거르는 일이 없었다. 징〔정(鉦)〕과 북 소리 그리고 깃발을 쓰는 방법을 밝히고, 진격과 후퇴, 그리고 공격하여 찌르는 기술을 익혔다. 병사는 장수의 뜻을 알고 장수는 병사의 정(情)을 알아서 참으로 전진해야 할 때에는 장수와 병사가 함께 전진하고, 참으로 후퇴해야 할 때에는 장수와 병사가 함께 후퇴하였다. 방어하는 것이 견고하고 전쟁을 하면 반드시 승리하였다. 이것은 교습이 진실한 까닭이었다. 주(周)나라 이후로는 진(晋)나라 문공(文公)[16]이 피려(被廬)[17]에서 사냥을 하여 나라가 강해졌고, 제(齊)나라 민왕(愍〔湣〕王)[18]이 격자술(擊刺術)이 뛰어나서 나라가 강해졌으며, 위(魏)나라 혜왕(惠王)[19]은 무용(武勇)이 뛰어난 군대를 뽑아서 나라가 떨치게 되었으며, 진(秦)나라 소양왕(昭襄王)은 정예로운 병사를 가져서 승리를 거두었다.[20] 이들은 비록 거짓과 폭력을 숭상하기는 하였으나 용병술(用兵術)에 있어서는 후세 사람들이 미칠 바가 아니었다. 전국시대의 사마양저(司馬穰苴)[21]와 당(唐)의 이정(李靖)[22]은 모두 병법을 가지고 있었으나, 오직 제갈무후(諸葛武侯)의 용병만이 인의(仁義)를 바탕으로 하고 절제의 뜻을 지니고 있

15 《논어(論語)》에서 인용.

16 문공(文公) : 춘추시대 진(晋)의 제후. 호언(狐偃), 조쇠(趙衰) 등 현신을 등용하여 제환공(齊桓公)에 이어서 제후의 패자가 되었다.

17 피려(被廬) : 진(晋)의 지명. 진문공(晋文公)이 사냥하고, 당숙(唐叔) 주천자(周天子)에게서 받은 법을 닦은 곳.

18 민왕(愍〔湣〕王) : 전국시대 제(齊)의 군주. 선왕(宣王)의 아들.

19 혜왕(惠王) : 전국시대 위(魏)의 군주. 뒤에 양(梁)의 혜왕(惠王)이 됨.

20 《한서(漢書)》 〈형법지(刑法志)〉에 보임.

21 사마양저(司馬穰苴) : 제(齊)나라의 장군. 본성은 전(田), 이름은 양저(穰苴). 대사마(大司馬)가 되었기 때문에 사마양저라고 한다. 저서에 《사마법(司馬法)》.

22 이정(李靖) : 당(唐)나라 고조(高祖) · 태종(太宗)대의 장수로서 병법에 뛰어나고 여러 차례 무공을 세움.

었다. 그런 까닭에 주문공(朱文公)[23]은 그를 가리켜 용병을 잘하는 사람이라고 말하였다. 신은 제갈무후의 용병술을 참작하여 《오행진출기도(五行陣出奇圖)》를 지었으며, 또 사마양저의 병법을 보태기도 하고 빼기도 하여 《강무도(講武圖)》를 지어서 바쳤다. 전하께서는 이것을 보고 좋다고 칭찬하고 군사에게 명령하여 훈련하게 하였다. 신이 주(周)나라 사마(司馬)의 사냥법과 진(晋) · 위(魏) · 제(齊) · 진(秦) · 사마양저 · 이정 등의 병법을 취하여 앞에다 적은 것은 옛날 것에서 병법을 배우자는 것이며, 신이 지어 바친 《출기도》와 《강무도》를 뒤에다 적은 것은 옛날의 병법을 현재에 적응시켜 익혀 보자는 것이다. 고금의 병법이 갖추어지고, 교습의 법이 밝혀지게 되어야 병을 쓸 수 있게 될 것이다. 이러한 뜻에서 〈교습편(教習篇)〉을 짓는 바이다.

孔子曰 不教民戰 是謂棄之 周禮春蒐夏苗秋獮冬狩 以講武事 無闕於時 明金鼓旗麾之節 習進退擊刺之宜 兵識將意 將識士情 可以進 則與之偕進 可以退 則與之偕退 守則固 戰則勝 此教之有素也 自是以來 晉文之蒐于被廬 齊愍之技擊 魏惠之武卒 秦昭之銳士 雖有詐力之尙 而其用兵之術 非後世所能及也 戰國之司馬穰苴 唐之李靖皆有兵法 惟諸葛武侯之用兵也 蓋於仁義之中 而有節制之意焉 故朱文公以爲善用兵也 臣祖其意 作五行陣出奇圖 又增損司馬法 作講武圖以獻 殿下稱之曰善 命軍士肄之 臣取司馬蒐狩之法 晉 魏 齊 秦 穰苴 李靖等兵法 書之於先 欲其取法乎古也 以臣所獻出奇講武圖 書之於後 欲其熟之於今也 古今之制備 而教習之法明 則兵可用也 作教習篇

23 주문공(朱文公) : 주희(朱熹 1130~1200). 남송(南宋)의 대유학자. 호는 회암(晦庵). 주자학(朱子學)의 비조(鼻祖). 저서에 《자치통감강목(資治通鑑綱目)》 · 《사서집주(四書集注)》 · 《근사록(近思錄)》 · 《소학(小學)》 등이 있음.

5. 정점 〔정비와 점열〕 | 整點

대저 무기가 망가지는 것은 오랫동안 무기를 손질하지 않은 데 연유한다. 교습을 잊어버리게 되는 것은 오랫동안 훈련을 받지 않은 데 연유한다. 그런 까닭에 국가가 무사할 때에는 인습에 젖어서 놀고 즐기는데 빠지며 무비(武備)가 허물어지고 병적(兵籍)이 망가지게 된다. 그리하여 만약 위급한 사태를 당하게 되면 나라를 지탱할 수 없으니 이것이 고금의 통폐인 것이다. 《주례(周禮)》에서는 대사마(大司馬)[24]가 중춘(仲春 2월)에 북 · 징 · 방울 등의 용법을 구별해서 가르치고, 중하(仲夏 5월)에는 병거(兵車)와 보졸(步卒)을 뽑으며, 중추(仲秋 8월)에는 깃발의 용법을 구분해서 가르치고, 중동(仲冬 11월)에는 대규모 사열(査閱)을 하였다.[25] 이로부터 주나라 선왕(宣王)[26]은 동도(東都)에서 사냥을 하였으며, 병거와 병졸을 뽑아서 중흥의 업을 이룰 수가 있었다. 정비(整備)와 점열(點閱)을 그만둘 수 없음이 이와 같은 것이다.

우리나라에서는 중앙에 궁궐을 지키는 군사가 있고, 지방에는 주현의 병사가 있어서 매년 농한기에 병적(兵籍)을 조사하여 노(老) · 유(幼) · 강(强) · 약자(弱者)을 구분하여 매달 군기감(軍器監)에서 만든 활 · 화살 · 창 · 갑옷 따위를 조사하여 그것이 날카롭고 견고한가, 아니면 무디고 망가졌는가를 시험하고 있다. 가히 정비와 점열의 뜻을 터득하고 있다고 할 수 있을 것이다.

夫器之弊也 由於久不治 習之忘也 由於久不肄 故國家無事 則因循玩愒 武備壞墮 兵籍耗損 如有緩急 不能及支 古今之通患也 周禮大司馬 仲春 辨鼓鐸鐲鐃之用 仲夏 選車徒 仲秋 辨旗物 仲冬 大閱 自後 宣王狩于東都 選車徒 以成中興之業 整點之不可已也如此 國家內之禁衛之旅 外之州縣之兵 每於農隙 按其籍 辨其老幼強弱 每月 課軍器監所作弓矢戈甲 驗其利鈍堅弊 可謂得整點之意矣

24 대사마(大司馬) : 주 2 참조.

25 《주례(周禮)》〈정관사마지직 대사마(政官司馬之職 大司馬)〉 참조.

26 선왕(宣王) : 주(周)나라 11대 왕(B.C. 827~B.C. 782).

6. 상벌 | 賞罰

대저 전쟁이란 위험한 일이다. 앞으로 진격할 때는 사망할 염려가 있고, 후퇴할 때는 살아남을 가망이 있다. 그런데 인정이란 누구나 죽음을 두려워하고 살아남기를 좋아하지 않음이 없는 것이다. 그러므로 오직 상(賞)을 무겁게 해야만 생존을 잊을 수 있는 것이며, 오직 벌(罰)을 무겁게 해야만 죽음을 따를 수 있게 되는 것이다. 그러나 상과 벌은 여러 사람들이 공정하게 판단하여 모든 사람들이 공이 있다고 인정하거나 죄가 있다고 생각하는 데 따라서 정해야 한다. 만약 어느 한 사람의 기쁨과 노여움에 입각해서 상벌이 결정된다면, 상을 주어도 권고의 뜻을 잃을 것이며 벌을 주어도 징계의 의미가 없어질 것이다. 그런 까닭에 높은 작위(爵位)와 후한 녹봉(祿俸)은 공이 있는 사람을 대우하기 위한 것이며, 칼로 목 베거나 몽둥이로 때리는 것은 죄지은 자를 징계하기 위한 것이다. 그러므로 군을 관장하는 사람은 상벌이 없을 수 없는 것이지만 상벌은 반드시 공정함에서 나와야 하는 것이다. 따라서 신은 〈상벌편(賞罰篇)〉을 지으면서 반드시 공(公)으로써 설명하고자 한다.

夫戰 危事也 進有死亡之患 退有生存之理 而人情莫不畏死而好生 惟重賞 可以忘其生 惟重罰 可以趨其死 然賞罰 不因於衆人之功罪 而出於一己之喜怒 則賞不勸而罰不懲矣 故曰 高爵厚祿 所以待有功也 刀鋸鞭扑 所以加有罪也 然則 掌軍者不可無賞罰 而賞罰不可不出於公也 故臣作賞罰篇 必以公爲說焉

7. 숙위〔숙직과 시위〕| 宿衛

임금은 거처가 존엄한 까닭에 궁궐 주변에서 군사들이 움막을 짓고 숙위(宿衛)하면서 창을 들고 섬돌 위에서 지키고, 궁성(宮城)의 좌우를 순찰하며, 지방 군사가 당번으로 교대로 상경하여 직숙(直宿)한다. 이렇듯 궁성의 숙위를 꼼꼼하고 신중하게 하는 것은 임금이 스스로를 존대하게 하려는 것이 아니다.

임금의 한 몸은 종묘(宗廟)와 사직(社稷)이 의지하여 귀속되는 존재이며, 자손과 신민(臣民)들이 우러러 의뢰하는 사람이므로 그와 관계되는 일이 매우 큰 까닭이다. 그러므로 궁궐의 문은 아홉 겹을 만들어서 궁궐의 안팎을 엄숙하게 하여 궁궐에 출입하는 사람들을 꾸짖어 단속한다. 그리하여 비상사태에 대비하고, 임금을 해치려는 간사한 무리들을 막을 뿐 아니라 임금을 몰래 배알하려는 무리들이 제멋대로 들어가서 임금의 귀를 흐려 놓고, 조정을 어지럽히는 것을 막아야 하는 것이다. 이렇게 해야만 정치가 잘되어 국가의 안녕이 오래 지속될 수 있을 것이다.

숙위의 군사는, 주(周)나라에서는 사대부(士大夫)가 이를 담당하였으며 한(漢)나라에서는 자제(子弟)들이 담당하였다. 이들은 임금과 더불어 일상적으로 친근하게 지내는 사람들이므로 견문을 익숙하게 익혀야 하고 행실이 반드시 밝아야 한다. 〈주서(周書)〉[27]에 "좌우 전후에 올바르지 않은 사람이 없고, 출입과 기거(起居)에 공경하지 아니함이 없도다"[28]라고 한 것은 바로 그것을 말하는 것이다. 그러므로 엄(嚴)과 정(正)은 숙위제도를 세우는 근본 뜻이 된다고 하겠다.

27 〈주서(周書)〉:《서경(書經)》 중의 한 편. 상권 주 25 참조.

28 원문은 약간 다르다.《서경(書經)》〈주서(周書) 경명편(冏命篇)〉에는 "其侍御僕從, 罔非正人, 以旦夕, 承弼厥辟, 出入起居, 罔有不欽"〔그 시어(侍御)하는 복종(僕從)이 정인(正人)이 아님이 없으며, 아침저녁으로 임금을 받들고 도와서, 출입하고 기거하는 데 공경하지 아니함이 없다〕고 되어 있다.

人君居處尊嚴 周廬陛戟 左右徼巡 番上更直 致其周且愼者 非欲自爲尊大也 蓋人君一身 宗廟社稷之 所依歸 子孫臣庶之 所仰賴 關係甚重 故君門九重 內嚴外肅 譏訶出入 不惟備非常 而弭姦慝 亦使內謁之徒 不得雜進 以誤君聽 而亂朝政 其所以爲長治久安之計得矣 其宿衛之士 周以士大夫 漢以子弟爲之 蓋與人主 居常親近 見聞熟習 不可不謹 周書曰 左右前後 罔匪正人 出入起居 罔有不欽 此之謂也 然則 日嚴 日正 其立宿衛之義也歟

8. 둔수〔국방경비〕| 屯戍

나라의 국경이 아무리 멀더라도 일가(一家)처럼 돌보아야 하며, 만민이 아무리 인구가 많더라도 어린아이처럼 사랑해야 한다. 만약 뜻하지 않은 사변(事變 전쟁)이 일어나게 되면 우리의 어린아이〔백성〕들이 가장 먼저 그 해를 입게 되는 것이다. 그런 까닭에 둔수군(屯戍軍)을 설치하여 외적을 막고, 나라 안을 편안하게 해야 한다. 육지에는 기병(騎兵)과 보병(步兵)을 주둔시키고, 바다에는 병선(兵船)을 둔다. 전쟁에 필요한 무기와 기계를 준비하고, 군량곡을 쌓아 놓고, 봉수제도(烽燧制度)를 잘해 두어야 한다. 이것들은 모두 둔수(屯戍)를 잘하기 위해서 필요한 것이다.

四境雖遠 視之如一家 萬民雖衆 愛之如赤子 苟有不虞之變 則吾赤子 先罹其害矣 於是 設屯戍 以御其外 而安其內 陸屯騎步 水置兵船 備器械 積資糧 謹烽候 皆所以備屯戍也

9. 공역〔노력 동원〕| 功役

인정(人情)이란 일을 하면 착한 마음이 생기고, 편안해지면 교만한 마음이 생긴다. 그러므로 무릇 병졸(兵卒)들을 지나치게 근로하게 하여도 안 되지만 또한 지나치게 편안하게 하여도 안 된다. 군(軍)에서 일으키는 각종 토목공사는 모두 군(軍)으로 일을 시키되 군의 힘이 미치는 정도를 헤아려서 그 공역(功役)의 성취를 부과해야 한다. 그리하여 삼농(三農)[29]으로 하여금 농사에만 힘을 쓰게 하면, 군인과 농민이 다 같이 자기의 직업에 안주할 수 있게 될 것이다.

人情 勞則善心生 逸則驕心作 故凡兵卒 雖不可使之勤勞 亦不可使之過逸 其軍中興作營繕 皆以役之 量其力之所及 課其功之所就 而俾三農專力於南畝 庶幾軍民各安其業矣

29 삼농(三農) : 평지농(平地農) · 산농(山農) · 택농(澤農)을 말한다. 혹은 원농(原農)〔산농(山農)〕· 습농(隰農)〔택농(澤農)〕· 평지농이라고도 함.

10. 존휼 | 存恤

대저 노력(勞力)이란 아랫사람이 윗사람을 섬기기 위한 것이며, 은혜라는 것은 윗사람이 아랫사람을 위로하기 위한 것이니 윗사람과 아랫사람은 서로 보답하는 것이다. 군대에 있어서도 마찬가지다. 늙은이나 어린이는 집으로 돌려보내야 하고, 굶주리고 헐벗은 자는 의식을 제공해주어야 하며, 질병을 가진 자는 약을 주고 치료해주어야 하며, 사망자는 매장해주어야 한다. 이렇듯 윗사람이 은혜를 크게 베풀면 사졸(士卒)된 사람은 은혜에 감사하는 마음이 지성에서 솟구쳐 나와서 힘차게 일어나서 죽을 힘을 다하게 될 것이다. 신은 그러므로 서로 보답해야 한다고 말하는 것이다.

夫力者 下之所以事上 恩者 上之所以撫下 交相報也 其在軍旅 老幼者 放歸之 飢寒者 衣食之 疾病者 醫療之 死亡者 瘞埋之 恩之所施博矣 則爲士卒者 感恩之心出於至誠 莫不踊躍 以效死力 臣故曰 交相報也

11. 마정 〔양마 정책〕 | 馬政

말〔馬〕은 사람에게 쓰임이 매우 크다. 무거운 짐을 지거나 먼 거리를 가야 할 때에 인력으로 미칠 수 없는 경우가 있다. 이럴 때에는 반드시 말의 힘을 빌어야 한다. 나라의 빈부나 군대의 강약도 말과 관계가 있다. 성인(聖人)은 괘(卦)를 짓고 상(象)을 드러내 보이면서 말이 지극히 강건하여 무한히 달릴 수 있음을 취하였다.[30] 이것이 최초로 말이 경전(經典)에 보이는 것이다. 역대 이래로 마정(馬政 양마정책)이 있어서 말의 번식에 노력해 왔다. 고려시대에는 은천(銀川)과 정주(貞州) 등에 목감(牧監)을 설치하고 섬마다 물과 풀이 편리한 곳을 찾아서 모두 목마소(牧馬所)를 두었다. 이것은 군국(軍國)의 중요성이 말에 있음을 잘 아는 소치였다. 그러나 그 제도가 무너지면서, 목감의 명칭은 있으나 목마의 실적은 없어지게 되었으니 이것은 매우 유감스러운 일이 아닐 수 없다.

지금 우리나라는 위로는 천조(天朝)에 말을 바치고 아래로는 군대에서 말을 이용하고 있으니 마정을 강구하는 것은 참으로 오늘의 급무가 아닐 수 없다. 신이 지나간 시대의 축마(畜馬) 정책을 두루 살펴보면, 주(周)나라가 가장 잘하였다. 주나라에서 축마를 위하여 관직을 설치하고 법령을 만들어서 그 직책을 중요시하였으며, 매년 중하(仲夏 5월)에는 수레를 끄는 말을 골라서 그 수를 세밀히 파악하였다. 《시경(詩經)》에 "내 말이 이미 가지런하다"[31]고 한 것은 말의 힘을 가지런하게 한 것이며, 말에게 규칙을 익히게 하는 것은 말을 정성으로써 가르치는 것을 뜻한다. 말을 언덕으로 내려가게 하거나 연못가에서 물을 먹게 하는 것은, 말을 기르는 데 있어서 그 본성을 키워주기 위한 것이다. "올바른 마음가짐을 깊이 하여 암말 3

30 말은 지극히 유순하면서도 강건하여 무한히 달릴 수 있는 짐승이다. 그러므로 《주역(周易)》에서는 유순한 덕에 의하여 힘든 일을 잘 참아서 성공하는 것을 '목마지정(牧馬之貞)'이라 하여 곤괘(坤卦)의 특징으로 설명하였다. 《주역》 〈곤원형리 목마지정(坤元亨利 牧馬之貞)〉.

31 《시경(詩經)》 〈소아(小雅)〉 〈차공 남유가어지십(車攻 南有嘉魚之什)〉. 이것은 천자가 제후와 사냥하는 모양을 노래한 것으로 원문의 일부를 소개하면 다음과 같다. "我車旣攻, 我馬旣同, 四牡龐龐, 駕言徂東."〔내 수레는 이미 손질이 되어 있고, 내 말도 이미 가지런히 매어져 있네. 수말이라 네 마리 씩씩도 하거니, 수레를 몰아 동쪽으로 달려가네.〕

천 필을 가졌다"[32]고 한 것은 말의 번식이 마음가짐을 성실하게 하고 깊게 한 데서 연유하였다는 것을 의미하는 것이다. 신은《주역(周易)》에서의〈상언(象言)〉과《시경》〈소아(小雅)〉의 격언을 기술하여〈마정편(馬政篇)〉을 짓는다.

馬之於人 其用重矣 負重致遠 人力有所不及 必惟馬焉是資 強君之貧富 軍旅之&弱繫焉 聖人設卦著象 取其至健而行地無疆 此馬之始見於經也 歷代以來 皆有馬政 以蕃以息 前朝置銀川貞州等牧監 每於海島 隨其水草之便 皆有牧馬之所 蓋亦知軍國之重在於馬也 及其法弊 有牧監之名 無牧馬之實 亦可歎也 國家 上則貢之天朝 下則用之軍旅 皆以馬 其講馬政 誠今日之急務也 臣歷觀往代畜馬之政 惟周人爲善爲之 立官制命 重其職也 每歲仲夏 撰車馬 周其數也 其詩曰 我馬旣同 齊其力也 閑之維則 敎之有其素也 或降于阿 或飮于池 養之順其性也 秉心塞淵 騋牝三千 推馬之蕃息以本操心之誠實而淵深也 臣取大易之著象 詩雅之格言 作馬政篇

32 《시경(詩經)》〈용 풍 정지방중(鄘 風 定之方中)〉. 이것은 위(衞) 문공(文公)을 칭송한 노래이다.

12. 둔전 | 屯田

둔전법(屯田法)이란 둔수(屯戍)에 있는 병졸로 하여금 '싸우면서 농사짓게〔차전차경(且戰且耕)〕' 하는 제도이다. 이것은 군량미를 조운(漕運)하는 불편을 덜고 군량미를 풍족하게 하기 위한 것이다. 한(漢)나라 사람은 금성(金城)에서, 진(晋)나라 사람은 수춘(壽春)·양양(襄陽)·형주(荊州)에 각각 둔전을 설치하여 안으로는 식량이 축적되는 이익을 얻고, 밖으로는 외적을 방어하는 이득을 얻었으며, 이로써 이적(夷狄)을 정복하고, 이로써 이웃 나라를 아울렀다. 둔전의 효험을 이로써 분명히 알 수 있다.

고려시대에는 음죽(陰竹)에 둔전을 설치하였고, 연해의 주·군에도 모두 둔전을 두어서 군량곡을 공급하였다. 그러나 법이 오래되자 폐단이 일어나서 둔전의 이름만 있고 실(實)이 없어졌다. 조(租)를 받을 때에는 수졸(戍卒)들이 혹은 스스로 곡식을 준비하여 바치기도 하고, 혹은 다른 사람으로부터 곡식을 꾸어다가 보태기도 하였기 때문에 그 고통을 이기지 못하여 도망하는 자가 많았다. 그리하여 군량곡이 부족해졌을 뿐 아니라 병액(兵額)이 또한 줄어들어서 그 폐단이 매우 컸다.

전하께서는 즉위한 다음에 의논하는 사람의 말을 받아들여서 연해 지방의 둔전을 혁파하고 다만 음죽둔전(陰竹屯田) 하나만을 남겨 두니 백성들이 고통에서 벗어나서 힘을 펴게 되었다.

신이 생각하기에 옛날에는 백무(百畝)의 땅을 경작하면, 상농부(上農夫)는 9인을 먹일 수가 있고, 하농부(下農夫)는 5인을 먹일 수가 있었다.[33] 이제 둔전의 경작을 대략 하농부를 기준으로 생각해 보면, 열 사람이 경작하면 50인을 먹일 수 있다. 이런 비율로 따져 올라가면 1백 명, 1천 명, 1만 명 등으로 그 수를 헤아릴 수 있을 것이다. 대개 토지의 이용도는 옛날이나 지금이나, 또는 먼 지방이나 가까운 지방이나 큰 차이가 없는 것이다. 이른바 둔전법이라 하는 것도 어찌 옛날에는 행해질 수 있었으나 지금에는 행해질 수 없으며, 중국에는 이로운 제도이지만 그 밖의 다른 나라에는 불리한 제도일 수 있겠는가?

33 《맹자(孟子)》〈만장(萬章) 하〉〈주실반작록장(周室班爵祿章)〉 참조.

다만 법을 운영하는 관리가 훌륭하지 못한 까닭으로 혹은 종자 곡식과 식량을 축내어 둔수군(屯戍軍)에게 주지 아니하기도 하고, 혹은 친히 둔전의 경영을 감독하지 아니하여, 밭갈이 · 씨뿌리기 · 김매기 · 북돋우기 등을 제때에 맞추어 힘쓰지 아니하여 토지가 황폐해지고 묘(苗)가 또한 제대로 열매를 맺지 못하게 되었던 것이다. 그러므로 이러한 폐단은 사람에게 있는 것이지, 법 자체에 있는 것은 아니다. 만약 충국(充國)[34]처럼 식량을 계산하고 공전(公田)을 헤아려서 물길을 파고 저수지를 만든다면 토지의 이용도를 크게 높일 수 있을 것이다.

또한 만약 등애(鄧艾)[35]가 한 것처럼 토지의 이용도를 최대로 높이고, 하천을 뚫고 군량을 저축해 두거나, 양호(羊祜)[36]가 한 것처럼 둔수와 순찰을 줄이고 8백 경(頃)의 토지를 개간하거나, 두예(杜預)[37]와 같이 여러 물줄기를 터서 높은 곳의 토지에도 물을 대줌으로써 국가와 개인이 이(利)를 함께 하고, 많은 백성들이 덕을 보게 한다면, 둔전의 이득은 높아질 것이다.

그렇다면 앞으로 둔전의 폐단을 제거하여 둔전의 이득을 얻도록 해야 할 것이며, 그렇게 하기 위해서는 법을 운영하는 사람과 법 자체가 다 같이 잘되어야 할 것이다.

34 충국(充國) : 조충국(趙充國). 한(漢)나라 무제(武帝) 때 신하.

35 등애(鄧艾) : 삼국시대 위(魏)나라 사람. 사마의(司馬懿)의 천거로 무장(武將)이 되어 촉(蜀)을 정벌함.

36 양호(羊祜) : 진(晋)나라 무제(武帝) 때 사람.

37 두예(杜預) : 진(晋)나라 사람. 오(吳)를 정벌함.

屯田之法 以其兵卒之在屯戍者 且戰且耕 所以省漕運 而贍軍食也 漢人之於金城 晉人之於壽春於襄陽於荊州 皆置屯田 內有蓄積之益 外有守禦之利 以之服夷狄 以之兼隣國 明效可驗 前朝置陰竹屯田 又於沿海州郡 皆有屯田 以資軍食 法久弊生 有其名而無其實 當其收也 爲戍卒者 或自備而納之 或稱貸而益之 不堪其苦 而逋逃者多矣 不惟軍食不繼 而兵額亦減 弊莫大焉 殿下卽位 用議者之言 革去沿海屯田 止置陰竹一所 民力可謂紓矣 臣愚以爲 古者制田 百畝 上農夫食九人 至下農夫 食五人 屯田之耕 姑以下農爲率 則十夫之耕 可食五十人矣 等而上之 曰百 曰千 曰萬 其數可考也 蓋地利無古今遠近之異 所謂屯田者 豈行於古 而不行於今 利於中原 而不利於外國乎 第緣官不得人 或剋減種食 不與屯軍 或不親莅其役 耕播耘耔 不時不力 田卒汚萊 苗又不實 其弊在人 而不在法 果如充國之計糧穀 度公田 浚溝渠 理隍陿 則大獲地利矣 如鄧艾盡地利 開河渠 積軍糧 羊祜減戍邏 墾田八百頃 杜預激諸水 浸原田 公私同利 衆庶賴之 則屯田之利可興矣 然則革屯田之弊 得屯田之利 其惟在於人法竝用乎

13. 역전 | 驛傳

우전(郵傳)[38]을 두는 것은 명령의 전달을 위한 것이다. 긴급한 군사상의 기밀과 왕래하는 사절들은 우역(郵驛)이 없으면 어떻게 그 명령을 속히 전달하여 일의 기틀을 잃지 않게 할 수가 있겠는가?

우리나라에서는 그러므로 이 일에 종사하는 사람들을 아끼고 사랑하는 은혜를 베풀어서, 역로(驛路)를 대 · 중 · 소로 3등분하여 등급에 따라 차등을 두어 토지를 지급한 것이다.[39]

우리나라의 서북 지방으로 통하는 역로, 특히 금교(金郊)[40]에서 동선(洞仙)[41]에 이르는 길과 동남쪽으로 통하는 길, 예컨대 청교(靑郊)에서 용구(龍駒)[42]에 이르는 역로는 경읍(京邑)에 매우 가깝고 사방에서 교통이 폭주하는 까닭에 사신을 영송하고 물자를 수송하는 노고가 다른 역참(驛站)보다 배나 더 된다. 그러므로 이 지방에는 토지를 더 많이 주었으니, 그것은 우역에서 명령을 전달하는 일을 무겁게 여긴 까닭이다.

郵傳之置 爲傳命也 軍機之緊急 使節之往來 非郵驛 何以速傳其命 而不失事機乎 國家於是 每加矜恤之恩 分路大中小 爲三等 給田有差 其國之西北 自金郊至洞仙 東南自靑郊至龍駒 密邇京邑 四方輻湊 迎送輸運之勞 倍於他驛 加給其田 所以重郵驛之傳命也

38 우전(郵傳) : 역참(驛站)이라고도 한다. 관리의 호송이나 공문서의 전달을 위하여 설치한 역사(驛舍), 또는 그러한 일을 말함.

39 공수전(公須田) · 인마전(人馬田) · 늠급전(廩給田) · 아록전(衙祿田) 등으로 부름.

40 금교(金郊) : 지금의 금천(金川) 지방.

41 동선(洞仙) : 지금의 황해도 봉산(鳳山) 지방.

42 용구(龍駒) : 지금의 경기도 용인(龍仁) 지방.

14. 추라 〔순찰과 호종〕 | 騶邏

경성(京城)에서는 순찰(巡察)을 실시하여 이를 '나(邏)'라고 불렀는데, 이것은 궁성(宮城)을 경비하기 위한 것이다. 또한 관부에서는 고관을 호위하는 제도를 '추(騶)'라고 하였으니 이것은 대신을 우대하기 위한 것이다. '나'와 '추'는 병졸들이 하는 것으로서 이들은 병사 아닌 병사들이다. 따라서 정전(正典) 가운데 이 편(篇)을 저술한다.

京城有徼巡 謂之邏 所以嚴輦轂也 官府有祗從 謂之騶 所以優大臣也 皆以卒名之 非兵之兵也 故并著之

15. 전렵 〔사냥〕 | 畋獵

병(兵)이란 흉(凶)한 일로서 이를 헛되이 설치하여서는 안 된다. 또한 병은 성인(聖人)이 버릴 수 없는 것으로 반드시 연마해야 될 일이기도 하다. 그런 까닭에 《주례(周禮)》에서는 대사도(大司徒)[43]가 춘하추동으로 사냥을 실시하여[44] 무사(武事)를 연마하였다. 그러나 사냥은 농사를 방해하고 백성을 해치는 폐단이 간혹 있기 때문에 언제나 농한기를 이용하여 실시하여야 하는 것이다. 또한 사냥은 한가로운 놀이에 가깝고, 짐승을 잡는 것은 생계에 도움을 주지 못한다. 그래서 성인(聖人)은 이러한 점을 염려하여 사냥하는 법을 만들었다. 첫째는 짐승 가운데 백성들의 곡식을 해치는 것만을 잡게 하고, 둘째는 잡은 짐승을 나라에 바쳐서 제사에 쓰게 하였다.[45] 이것은 모두 종묘(宗廟), 사직(社稷)과 생령(生靈)을 위한 계책인 것으로서 그 뜻이 이렇듯 깊은 것이었다. 선왕(宣王)[46]은 사냥을 통해서 병거(兵車)와 보졸(步卒)을 뽑아서 주(周) 왕실(王室)의 중흥의 업을 이루었으나, 태강(太康)[47]은 반대로 낙수(洛水)의 부근에서 사냥하다가 친척이 원망하고 백성들이 도망하여 마침내 왕위를 잃게 되었다.[48] 사냥의 일은 한가지로되, 사냥하는 마음에는 천리(天理)와 인욕(人欲)의 두 가지 마음이 있어서 정치가 잘 되고 못되며, 나라가 흥하고 망하는 것이 마음가짐에 따라서 달리 나타나는 것이다. 이른바 "터럭 끝만한 차이가 천리(千里)의 어긋남을 가져온다"는 것이 이것이니, 후세의 임금들은 어찌 사냥을 하고 안하는 기회를 살피지 않을 수 있겠는가!

43 대사마(大司馬)가 잘못된 것.

44 춘하추동의 사냥을 각각 춘수(春蒐) · 하묘(夏苗) · 추렵(秋獵) · 동수(冬狩)라고 부른다.

45 《주례(周禮)》 〈대사마편(大司馬篇)〉 〈정관사마지직(政官大司之職)〉 참조.

46 주 26 참조.

47 하왕(夏王). 계(啓)의 아들이며 우(禹)의 손자. 정사를 돌보지 아니하고 놀이에만 열중하다가 유궁(有窮)의 예(羿)에게 왕위를 빼앗겼다.

48 《서경(書經)》 〈하서(夏書)〉 〈오자지가 약우유락지표(五子之歌 略于有洛之表)〉.

兵者凶事 不可空設 又非聖人之得已 不可不講 故周禮大司徒 春蒐 夏苗 秋獮 冬狩以講武事 然其弊 或至於妨農害民 故皆於農隙習之 且畋獵近於逸遊 從禽嫌於自奉於是聖人慮之 作蒐狩之法 一則曰除禽獸之害民穀者 一則曰獻禽 以供祭祀 無非爲宗社生靈計也 其意深哉 宣王 因畋獵而選車徒 以成周家中興之業 太康 畋于有洛之表 而親怨民離 以失其位 蓋其事一也 而其心有天理人欲之分 而治亂存亡 各以類應所謂毫釐之差 千里之謬者也 後之人主 可不察其取捨之幾哉

五. 헌전 | 憲典

1. 총서 | 摠序

천지는 만물을 봄에 생육하고 가을에 시들게 한다. 성인(聖人)은 만민을 인(仁)으로써 사랑하고 형(刑)으로써 위협한다. 만물을 시들게 하는 것은 그 근본을 다시 회복시키기 위한 것이며, 만민을 위협하는 것은 만민의 생존을 보전시키기 위한 것이다. 가을은 천지에 있어서 의기(義氣)가 되는 것인데,[49] 형조(刑曹)를 추관(秋官)이라고 하는 것은 그 기능이 같기 때문이다. 그러나 천지의 도는 마음이 없이도 변화가 일어나기 때문에 천지의 도가 운행하는 데 있어서 어긋남이 없다. 그런데 성인의 법은 사람을 매개로 해서 비로소 시행되기 때문에 반드시 공경하고 불쌍히 여기는 인(仁)과, 밝고 신중한 마음이 있은 뒤에야 실행할 수 있는 것이다. 만약 법을 집행하는 사람이 훌륭하지 못하면 말류(末流)의 폐단이 일어나서 반드시 잔인한 포악과 참담한 재화(災禍)를 가져오게 될 것이다. 그리하여 백성이 그 해를 입게 될 뿐 아니라 마침내는 원한이 하늘에까지 미쳐서 음양의 조화를 상하게 하여 수재(水災)와 한재(旱災) 등을 불러오고, 나라가 뒤따라 위태로워진다. 그러므로 성인이 형(刑)을 만드는 것은 형에만 의지하여 정치를 하려는 것이 아니라, 오직 형으로써 정치를 보좌할 따름인 것이다. 즉 형벌로써 형벌을 그치게 하고, 형으로써 형(刑)이 없어지기를 기대하는 것이다. 만약 우리의 정치가 성공을 하게 된다면 형은 늘어놓기만 하고 쓰지는 않게 될 것이다. 그런 까닭에 고요(皐陶)[50]는 순(舜)임금의 덕을 칭송하며 이렇게 말하였다. "생민을 아끼는 덕이 민심을 흡족하게 들었기 때문에 죄를 짓는 사람이 없었다."[51] 아, 그 얼마나 위대한가!

지금 우리 전하께서는 인(仁)을 가지심이 하늘을 덮을 만하고, 명철한 판단이 신

49 역도(易道)에 의하면 춘(春)은 만물의 시작〔始〕으로서 인(仁)〔원(元)〕에 해당하고, 하(夏)는 만물의 성장〔長〕으로서 예(禮)〔형(亨)〕에 해당하고, 추(秋)는 만물의 진전〔遂〕으로서 의(義)〔이(利)〕에 해당하고, 동(冬)은 만물의 완성〔成〕으로서 지(智)〔정(貞)〕에 해당한다.

50 고요(皐陶) : 순(舜)의 신하. 법리(法理)에 통달, 형벌을 제정하고 옥(獄)을 만듦.

51 《서경(書經)》〈우서 대우모(虞書 大禹謨)〉.

(神) 같으며, 생민을 아끼는 덕이 상제(上帝)와 맞먹는다. 무릇 법을 범하여 당국에서 그 죄를 따지고 형을 집행하게 될 경우에, 만약 죄를 주기에 의심스러운 점이 있으면 반드시 이를 신중하게 다루게 하고, 관대한 처벌을 내리도록 힘쓰게 하며, 죄를 용서해 주어 스스로 새사람이 될 기회를 주는 일이 많았다. 또한 어리석은 백성이 법을 잘 모르고 금법을 어기는 일이 있을까 염려하여 해당 관청에 명령하여 《대명률(大明律)》[52]을 방언(方言 우리말)으로 번역하게 함[53]으로써 대중(大衆)으로 하여금 쉽게 깨우치게 하였으며, 모든 소송 사건의 처단과 판결은 모두 이 법률에 의거하도록 하였다. 이렇게 함으로써 위로는 황제(皇帝)의 규범을 받들고 아래로는 백성의 생명을 존중하였으니, 장차 우리 백성들은 금법을 알아서 죄를 저지르지 않게 될 것이요, 형(刑)은 있으되 쓰지 않게 될 것이다. 신(臣)은 성심(聖心)을 우러러 본받아 감히 어질고 밝은 덕으로써 형을 적용하는 근본을 삼으면서 헌전(憲典)의 총서를 짓는다.

天地之於萬物 生之以春 肅之以秋 聖人之於萬民 愛之以仁 威之以刑 蓋其肅之也 所以復其原也 其威之也 所以竝其生也 秋在天地爲義氣 而刑爲秋官 其用一也 然天地之道 無心而化成 故運行而不差 聖人之法 待人而後行 故必致欽恤之仁 明愼之心 然後可行也 苟不得人 末流之弊 必至於殘忍之暴 慘刻之禍 非徒民受其害 終必怨歸於上 傷陰陽之和 召水旱之災 而國隨以危矣 故聖人之制刑也 非欲恃此以爲治 惟以輔治而已 辟以止辟 刑期無刑 苟吾治之已成 則刑可措而不用矣 故皐陶稱舜之德曰 好生之德 洽于民心 茲用不犯于有司 嗚呼大哉 今我殿下 仁覆如天 明斷如神 好生之德合乎上帝 凡有犯法 爲有司所論執者 苟有可疑 每加矜恤 務從寬典 多所原免 俾以自新 又慮愚民無知觸禁 爰命攸司 將大明律 譯以方言 使衆易曉 凡所斷決 皆用此律所以上奉帝範 下重民命也 將見斯民知禁而不犯 刑措而不用矣 臣仰體聖心 敢以仁明之德 爲用刑之本 作憲典摠序

52 《대명률(大明律)》: 명(明)나라의 형률(刑律).

53 《대명률》을 이두로 해석하여 놓은 것을 《대명률직해(大明律直解)》(30권 4책)라 하였다.

2. 명례 〔죄명과 체례〕 | 名例

일은 반드시 죄명을 바르게 한 뒤에 이루어질 수 있으며, 죄명은 반드시 체례(體例)가 있은 뒤에 정해진다. 이 때문에 옛날에 율(律)을 제정하는 사람은 반드시 죄명과 체례를 먼저 세웠던 것이다. 죄명과 체례에는 이른바 '오형(五刑)'이 있다. 태(笞)[54] · 장(杖)[55] · 도(徒)[56] · 유(流)[57] · 사(死)가 그것이다. 이것은 옛날의 육형(肉刑)[58]과는 다른 것이나, 제일 큰 형벌〔사형(死刑)〕만은 옛날의 육형이나 마찬가지다. 오형은 각각 죄의 경중에 따라서 법을 달리 적용한다. 또한 이른바 '오복(五服)'[59]이라는 것이 있다. 참최(斬衰)[60] · 주년(周年)[61] · 대공(大功)[62] · 소공(小功)[63] · 시마(緦麻)[64]가 그것이다. 오복은 부모에서 시작하여, 위로는 고조(高祖)에 이르고, 아래로는 현손(玄孫)에 미치며, 옆으로는 족속에까지 미쳐서 친척의 등급이 멀고 가까움에 따라서 복(服)의 무겁고 가벼움이 다르니, 이것은 모두 친족과 친하게 지내려는 정을 맺기 위한 것이다. 상복(喪服)이 무거울수록 예(禮)가 더욱 엄격해지는 것이며, 정(情)이 친할수록 보은(報恩)이 두터운 법이다.

그런 까닭에 법을 만드는 자는 예에 어긋나게 하면 무겁게 처벌하고, 인정(人情)에

54 태(笞) : 매로 볼기를 치는 형벌(10~50대).

55 장(杖) : 곤장(棍杖)으로 볼기를 치는 형벌(60~100대).

56 도(徒) : 일정한 기간 노역을 시키는 형벌.

57 유(流) : 먼 지방으로 유배 보내는 형벌.

58 육형(肉刑) : 몸에 상처를 내는 형벌. 묵(墨) · 비(剕) · 의(劓) · 궁(宮)〔부형(腐刑)〕 · 대벽(大辟)〔사형(死刑)〕.

59 오복(五服) : 다섯 가지의 상복(喪服).

60 참최(斬衰) : 부(父)가 죽었을 때 3년간 입는 상복.

61 주년(周年) : 《예기(禮記)》에는 재최(齋衰)로 되어 있다. 모(母)가 죽었을 때는 재최(齋衰)를 3년간, 조부모(祖父母) · 백숙(伯叔)부모 · 고형제(姑兄弟)가 죽었을 때는 1년간 입음.

62 대공(大功) : 9개월간 입는 상복. 종형제(從兄弟) · 종자매 · 남편의 조부모 · 중자부(衆子婦) · 중손(衆孫) · 중손녀(衆孫女) · 질부(姪婦) · 남편의 백부모(伯父母) 등이 죽었을 때 입음.

63 소공(小功) : 5개월간 입는 상복. 종조부모(從祖父母) · 재종(再從)형제 · 종질(從姪) · 종손(從孫) 등이 죽었을 때 입음.

64 시마(緦麻) : 3개월간 입는 상복. 종증(從曾) · 조삼종(祖三從)형제 · 중증손(衆曾孫) · 중현손(衆玄孫) 등이 죽었을 때 입음.

서 근원한 것은 관대하게 처리하도록 한다. 이것은 인간이 지켜야 할 도리를 무겁게 여기는 까닭이다.

명례(名例)에는 또한 이른바 '십악(十惡)'이라는 것이 있다. 모반(謀反)[65] · 모대역(謀大逆)[66] · 모반(謀叛)[67] · 대불경(大不敬)[68]은 임금과 신하 사이의 직분을 존중하기 위한 것이다. 악역(惡逆)[69] · 불효(不孝)[70] · 불목(不睦)[71]은 친족과 친하게 지내는 정을 무겁게 하기 위한 것이다. 부도(不道)[72]는 사람의 생명을 존중하기 위한 것이다. 불의(不義)[73]와 내란(內亂)[74]은 관(官)과 민(民), 선생과 벗 사이의 의리와, 부부 · 남녀 간의 구별을 존중하기 위한 것이다. 이상 열 가지는 모두 인도(人道)의 큰 윤리로서 만약 이것을 죄지은 사람이 있으면 대악(大惡)이라고 불러서 왕법에 의하여 반드시 처벌해야 하는 것이다. 이밖에 또 '의(議)'[75]라고 하는 것이 있다. 의친(議親)[76] · 의고(議故)[77] · 의공(議功)[78] · 의현(議賢)[79] · 의능(議能)[80] · 의근(議勤)[81] · 의귀

65 모반(謀反) : 사직(社稷)을 위태롭게 한 죄. 즉 국가 전복 내지는 내란죄.

66 모대역(謀大逆) : 종묘(宗廟) · 산릉(山陵) 또는 궁궐을 훼손한 죄.

67 모반(謀叛) : 본조(本朝)를 배반하여 타국에 추종하거나 위주(僞主)를 추종한 죄.

68 대불경(大不敬) : 왕실에 대하여 불경한 죄. 명예훼손죄.

69 악역(惡逆) : 부모 및 조부모 등을 구타 또는 죽인 죄.

70 불효(不孝) : 부모 및 조부모 등에게 불효한 죄.

71 불목(不睦) : 일가 사이에 화목하지 아니한 죄.

72 부도(不道) : 무죄한 1가(家) 3인(人)을 죽인 죄.

73 불의(不義) : 부민(部民)이 본속의 수령을 죽이거나 군사가 본관의 상관을 죽이거나, 이졸이 본부의 장관을 죽인 죄.

74 내란(內亂) : 가정 내의 난행. 소공이상친(小功以上親)과 부조(父祖)의 첩을 간음한 죄.

75 의(議) : 죄를 감면시켜 주는 여덟 가지 재판상의 사전(思典).

76 의친(議親) : 왕의 단문이상친(袒免以上親), 왕대비(大王大妃) · 대왕대비(大王大妃)의 시마이상친(緦麻以上親), 왕비의 소공이상친(小功以上親), 세자빈의 대공이상친(大功以上親).

77 의고(議故) : 왕실의 고구지인(故舊之人).

78 의공(議功) : 국가에 특수한 공로를 세운 사람.

79 의현(議賢) : 덕행이 높은 현인군자.

80 의능(議能) : 재능이 뛰어나서 왕을 잘 보좌하고 인륜의 사범이 된 사람.

81 의근(議勤) : 부지런하여 관직을 충실히 수행하고 조야로 봉공(奉公)하고 원방(遠方)으로 사신을 가는 공적을 가진 신하.

(議貴)[82] · 의빈(議賓)[83]이 그것이다. 이것은 은혜를 참작하여 죄를 정하고, 의리를 생각하여 죄를 논하는 것이다. 그런 까닭에 법이 비록 무겁더라도 인정을 참작하여 가볍게 처리해 주어야 하는 것이니, 충성스럽고 순후함이 지극한 까닭이다. 그 밖에 명례가 비록 많이 있으나 모두 은혜 · 의리 · 인정 · 법률로써 죄의 경중을 짐작하여 그 중(中 마땅함)을 얻도록 해야 할 것이다. 이것이 법을 운용하는 데 있어서의 균형을 뜻하는 것이다.

事必正名 然後成 名必有例 然後定 此古制律者 必以名例 爲之先者也 名例 有所謂五刑 曰笞杖徒流死 此非古之肉刑 而大辟則同焉 隨其罪之輕重 而異法也 有所謂五服 曰斬衰 曰周年 曰大小功緦麻 自父母 上而至於高祖 下而至於玄孫 旁及族屬 由其親之有遠近 而其服有重輕 無非所以聯親親之情也 服重則禮嚴 情親則恩厚 故制法者 悖禮則從重論 原情則從恕論 無非所以重人紀也 有所謂十惡 曰謀反 謀大逆 謀叛 大不敬 所以重君臣之分也 曰惡逆 不孝 不睦 所以重親親之恩也 曰不道 所以重人命也 曰不義 內亂 所以重官民師友之義 夫婦男女之別也 是十者 皆人道之大倫 苟有犯者 謂之大惡 而王法所必誅者也 有所謂八議 曰議親 議故 議功 議賢 議能 議勤 議貴 議賓 有以恩而論者 有以義而論者 故其法雖重 而情則從輕 忠厚之至也 其他名例雖多 皆以恩義情法 斟酌輕重 而取其中焉 蓋用法之權衡也

82 의귀(議貴) : 3품 이상의 현직 문무관(文武官) 및 2품 이상의 산관(散官).

83 의빈(議賓) : 선대의 뒤를 이어서 국빈(國賓)이 되는 사람.

3. 직제 | 職制

왕자(王者)는 하늘을 대신하여 만물을 다스릴 적에 반드시 여러 현자(賢者)를 등용하여 여러 직책을 맡긴다. 그러므로 모든 관리와 모든 관부(官府)는 하늘의 일이 아님이 없는 것이다. 《서경(書經)》에 이런 구절이 있다. "백료(百僚)들이 스승을 따라 배우고, 백공(百工)[84]들이 때에 맞추어 일을 하여 오진(五辰)[85]의 운행을 순조롭게 하고, 여러 공적이 이루어지도다."[86] 이것이 당(唐)[87] · 우(虞)[88]의 정치가 융성하게 된 까닭이다. 그러나 말은 잘하지만, 벼슬을 받으면 명(命)을 어기는 자가 공공(共工)의 직책을 맡고, 명을 거스르며 족속을 해치는 자가 치수(治水)의 직책을 맡게 되면 유방(流放 유배를 보냄)의 형벌을 부득이 거행하지 않을 수 없었던 것이다. 당(唐) · 우(虞) 시대도 그러하거늘 하물며 후세야 더 말할 것이 있겠는가! 만약 형금(刑禁)을 명확하게 세워서 형벌과 징계를 보여주지 않는다면 관을 해치고 백성을 병들게 하며, 간사하고 거짓된 일이 날로 늘어나서 화란이 생겨날 가능성이 이루 다 말할 수 없게 될 것이다. 그러므로 관형(官刑)[89]을 만들어서 백관(百官)[90]을 경계하기 위하여 〈직제편(職制篇)〉을 짓는 바이다.

84 백공(百工) : 백관(百官)이라는 뜻과 여러 공장(工匠)이라는 두 가지 뜻이 있으나 여기서는 후자의 뜻이다.

85 오진(五辰) : 오행(五行). 금(金) · 목(木) · 수(水) · 화(火) · 토(土).

86 《서경(書經)》 〈우서(虞書) 고요모(皐陶謨)〉.

87 당(唐) : 요(堯)임금. 성은 이기(伊耆). 처음에 도(陶)에 봉(封)해졌다가 나중에 당(唐)에 봉해졌기 때문에 당(唐) 또는 도당(陶唐)이라고 호(號)하게 함.

88 우(虞) : 순(舜)임금. 성은 요(姚), 이름은 중화(重華). 조상이 우(虞)에 건국하였기 때문에 우(虞) 또는 유우씨(有虞氏)라고 호(號)하게 됨.

89 관형(官刑) : 5형(五刑) 중의 하나. 관무를 게을리하는 자에게 주는 형벌.

90 백관(百官) : 부절(符節)과 인수부절(印綬符節)은 사신이 가지고 다니는 신표로서 둘로 갈라서 하나는 조정에 보관하고 하나는 본인이 가짐. 인수(印綬)는 관인(官印).

王者代天理物 必用群賢 以任衆職 故百官庶府 無非天事 書曰 百僚師師 百工惟時 撫于五辰 庶績其凝 此唐虞之治 所以爲盛 然靜言庸違者 居共工 方命圮族者 任治水 則流放之刑 不得不擧 況後世乎 苟不明立刑禁 以示罰懲 則瘝官病民 姦僞日滋 而禍亂之生 有不可勝言矣 故制官刑 儆有位 作職制

4. 공식 | 公式

윗사람과 아랫사람, 그리고 이 사람과 저 사람 사이에는 반드시 문자로써 정을 알려야 하며, 부인(符印)[91]을 가지고서 진짜임을 보여 주어야 한다. 예부터 국가를 다스리는 자는 이에 관한 일정한 공식(公式 공적인 형식)을 갖지 않음이 없었다. 그것은 여러 사람의 마음을 순수하게 하고 간사한 속임수를 막기 위한 것이다. 그리고 이러한 공식을 어기는 자에게는 나라에서 일정한 형벌을 가하였다. 이런 뜻에 이 〈공식편(公式篇)〉을 짓는다.

上下之間 彼此之際 必因文字 以達情 有符印 以示信 自古有國家者 莫不有定式 所以一衆心 防姦僞也 苟或違此 邦有常刑 作公式

91 부인(符印) : 규정된 형식.

5. 호역 | 戶役

《서경(書經)》에 "백성은 나라의 근본이다. 근본이 튼튼해야 나라가 편안해진다"[92] 라는 말이 있다. 그러므로 국가를 다스리는 사람은, 반드시 민생을 보호하는 일을 가장 시급한 직무로 생각해야 한다. 그러나 민생은 많고 재변과 사고는 빈번하다. 간교한 자는 간사한 행동을 하고, 어리석은 자는 법을 어기고, 힘센 무리들은 포악해지고, 굶주리고 헐벗은 자들은 도적이 된다. 윗사람을 속여서 사리사욕을 추구하고, 나라의 기강이 없어져서 왕도(王道)[93]가 허물어지고 화란이 일어난다. 백성의 어른 된 사람은 이러한 사태를 어찌 염려하여 미리 예방하지 않을 수 있겠는가? 그런 까닭에 반드시 법령을 엄하게 하여 백성들을 두렵게 하고, 형벌을 밝게 하여 백성들을 징계해야만 백성들이 두려워할 줄 알아서 화란이 없어지게 될 것이다. 이러한 방법은 비록 덕(德)이나 예(禮)의 효과만은 못한 것이지만 성인(聖人)도 부득이 화란의 예방을 위해서 하는 것이다.

대저 백성들이 간사한 일을 저지르게 되는 계기가 되는 사건들은 여러 가지가 있으나, 위에 있는 사람이 법령으로써 입법(立法)해야 할 것으로는 다음 일곱 가지가 가장 중요하다. 첫째는 호역(戶役)[94]이다. 민력(民力)의 출처가 명확하지 않으면 사람을 숨기거나 호적(戶籍)에서 누락시킬 염려가 있다. 둘째는 전택(田宅)[95]이다. 백성들의 생업의 근본이 확실하지 않으면 남의 전택을 겸병하는 일이 일어난다. 셋째는 혼인(婚姻)이다. 인도(人道)의 중요한 부분이 바르지 아니하면 음란한 행동이 일어난다. 넷째는 창고(倉庫)이다. 백성들의 식량을 모아 두는 곳이 완비되어 있지 아니하면 곡식이 축나는 폐단이 있다. 과정(課程)[96] · 전채(錢債)[97] · 시전(市廛)[98]은

92 《서경(書經)》 〈하서(夏書) 오자지가(五子之歌)〉.

93 왕도(王道) : 왕의 법도.

94 호역(戶役) : 호적(戶籍). 호적은 역역(力役)의 부과가 주목적이기 때문에 호역(戶役)이라고도 부른다.

95 전택(田宅) : 토지와 가택.

96 과정(課程) : 세의 부과.

97 전채(錢債) : 전(錢) · 곡(穀)의 대여.

98 시전(市廛) : 상점. 관부(官府)에 물품을 조달하던 어용(御用) 상점.

모두 백성들의 재산과 관계되는 것들로서 신중히 살피지 아니하면 안 된다. 따라서 이에 관한 법을 자세히 정하여 금지사항을 엄격히 해야 한다. 이에 관한 법 조목이 모두 갖추어져 있으므로 이것을 전부 적어 둔다.

書曰 民惟邦本 本固邦寧 故有國家者 必先以保民生 爲急務 然民生之衆 變故甚繁 巧者生姦 愚者冒法 強衆爲暴 飢寒爲盜 誣上行私 罔有紀極 隳王度而致禍亂 長民者 其可不慮而預爲之防乎 故必嚴令 以威之 明刑 以懲之 然後民有所畏 而禍亂息矣 此雖不及德禮之效 亦聖人不得已 而爲防者也 夫民之所緣 以爲姦者 其事雖多 上之所令 以立法者 其大節有七 日戶役 民力之所出 不明則有隱漏之患 日田宅 民業之所本 不嚴則有兼并之事 日婚姻 人道之所重 不謹則有淫僻之行 日倉庫 民食之所在 不備則有虛耗之弊 日課程 日錢債 日市廛 皆民財之所關 不可以不察者也 故詳其法而嚴其禁 條目俱存 咸可書也

6. 제사 | 祭祀

나라의 큰 행사 가운데서 제사가 가장 중요하다. 제사는 종묘(宗廟)와 사직(社稷)을 받들어서 신명(神明)과 교감하기 위한 것이다. 그러므로 안으로는 반드시 성실하고 공경하는 마음가짐을 가져야 하고, 밖으로는 의식(儀式)의 모양과 법도를 갖추어야만 신명을 감격시킬 수 있는 것이다. 만약 한 가지 일이라도 혹시 소홀함이 있게 된다면 성실함이 없게 되고, 아무것도 아닌 것이 된다.[99] 이렇게 되면, 근본에 보답하고 조상을 추모하는 도리가 거의 없어지게 된다. 그런 까닭에 의식(儀式)의 법도를 바르게 하여 공경스러움과 엄숙함을 다해야 하고, 막고 금하는 일을 엄하게 하여 도리에 어긋나는 일이 없도록 경계해야 하는 것이니, 이렇게 함으로써 불성실한 일을 징계하고자 함이다. 이 때문에 제사는 형벌과 그 유(類)가 다른 것이지만 부득이 형(刑)의 도움을 얻어야만 이루어질 수 있는 것이다. 제사의 예에 관한 것은 이미 《예전(禮典)》에서 말했는데, 또 그에 관한 율령(律令)을 《헌전(憲典)》에서 기록하는 것은 이 까닭이다.

國之大事 惟祀爲重 所以奉宗社 而交神明也 必內存誠敬 外備儀文 然後可以感格於神明 苟一事之或慢 則不誠無物 而報本追遠之道 幾乎息矣 故謹其節文 以致其恭肅 嚴其防禁 以察其非違 所以懲不恪也 是則祭之與刑 雖非其類 而不得不 相須以有成 此祭祀之禮 旣載於禮典 而其律令 又載於憲典者也

99 《중용(中庸)》에 "성(誠)은 만물의 시작과 끝이다. 그러므로 성(誠)이 없으면 만물도 없다"〔誠者, 物之終始, 不誠無物〕고 하였다.

7. 의제〔예의제도〕| 儀制

의제(儀制)는 등위(等威)를 밝히고 상하를 구별하기 위한 것으로서 예(禮) 가운데서 큰 비중을 갖는 것이다. 그러나 의제의 연혁과 손익은 반드시 시대에 따라서 달라지게 마련이다. 그런 까닭에 새로운 시대가 일어날 적에는 반드시 그 시대에 알맞은 새로운 제도가 나오게 되는 것이다.

우리나라의 예의(禮義)의 풍속은 기자(箕子)에서 시작되었다. 왕씨(王氏)의 시대[100]에는 예악(禮樂) 제도를 중화(中華)에서 본받았으나 토속(土俗 우리나라 고유풍속)이 다 변한 것은 아니었다. 원(原)[101]나라를 섬긴 뒤로는 호례(胡禮 오랑캐의 예의)를 난잡하게 쓰게 되어 의복제도(衣服制度)가 법도를 잃고, 서인(庶人)들이 분수에 넘치게 윗사람과 견주게 되었다. 황명(皇明)[102]께서 천하를 통일한 뒤에 조(詔)를 내리어 말하기를, "의제(儀制)는 본속(本俗 고유풍속)을 따르고, 법은 옛날의 전장(典章)을 지키라"고 하였다. 그리하여 폐습이 역시 제거되지 아니하였다.

우리 전하께서는 두루 정사(政事)를 시험하던 시절에 일찍이 정치의 본체를 잘 아는 진신(搢紳)[103]들과 더불어 모의(謀議)를 합치고 세워서, 중국에 대하여 의관제도의 변혁을 요청하고, 그런 다음에는 토속의 구습과 호복(胡服)의 폐단을 남김없이 혁파하였다.

전하께서 보위(寶位)에 오른 뒤에는 더욱 정성을 다하여 정치에 힘써서 제도를 개혁함이 모두 중용의 도리에 맞아서 문물의 아름다움이 중화와 비교하여 부끄러움이 없게 되었다. 이로써 자손만대에 길이 지켜야 할 제도가 이루어진 것이다. 제도의 자세한 내용에 관하여는《예전(禮典)》의〈노부(鹵簿)〉등 여러 편에서 설명하였는데, 전하께서 자손 후세를 위한 배려가 이렇듯 크고도 원대하였다. 만약 제작(制作)이 법에 어긋나고, 일을 처리하는 것이 방법에 어그러져서 법도를 잃고, 상전

100 고려 시대.

101 원(原) : 원(元).

102 황명(皇明) : 명(明)나라 황제, 주원장(朱元璋).

103 진신(搢紳) : 사대부(士大夫). 관리(官吏).

(常典)을 어지럽히는 자가 있으면 대헌(臺憲)[104]에서 이를 규탄해야 할 것이다. 그러므로 성헌(成憲 이미 만들어진 헌법)을 준수하고 왕의 법도를 바르게 하기 위하여 〈의제편(儀制篇)〉을 짓는다.

儀制 所以明等威辨上下 禮之大節也 然其因革損益 亦必隨時而有變焉 故曰一代之興 必有一代之制作 我東方禮儀之風 肇自箕子 而王氏之世 文章制度 取法中華 而其土俗 猶有未盡變者 事原〔元〕以來 雜用胡禮 服飾無度 庶人僭擬 逮夫皇明有天下 詔曰 儀從本俗 法守舊章 故其弊習 亦未遽除 惟我殿下 歷試之日 嘗與搢紳之識治體者 合謀建議 表請衣冠 然後土俗之舊 胡服之弊 盡革無遺 及卽寶位 勵精圖治 制度沿革 咸適厥中 彬彬文物 無愧中華 以備一代之制作 以爲萬世之持守 其詳著于禮典鹵簿等篇 其爲子孫後世 慮甚宏遠矣 如有製造非法 措置乖方 差爽失度 以紊常典者 臺憲從而糾擧之 故遵成憲 謹王度 作儀制篇

104 대헌(臺憲) : 사헌부(司憲府) 및 간관(諫官).

8. 궁위〔궁성 숙위〕| 宮衛

임금의 자리는 가장 존귀하고 가장 높은 것이다. 존귀하기 때문에 그 책임이 지극히 무거워서 가벼이 할 수 없으며, 높기 때문에 그 형세가 매우 위태로워서 보호하기가 어려운 것이다. 여러 신하들이 우러러 추대하는 존재이므로 의장병(儀仗兵)을 갖추지 아니할 수 없고, 간악한 무리들이 틈을 엿보기 때문에 주위의 방비를 면밀하게 하지 않으면 안 된다. 그리하여 궁성(宮城)의 안팎으로 반드시 수위(守衛)를 엄하게 하고, 출입할 때에는 반드시 길 옆에 있는 사람들을 꾸짖어, 하던 일을 멈추게 한다. 궁성 주변에 움막을 짓고 병사들이 숙위(宿衛)하면서 섬돌 밑에서 창과 방패를 들고 지키는 제도는 옛날부터 비롯된 것이다.

우리나라에서는 부병(府兵)[105]을 설치하고, 애마(愛馬)[106]〔생각건대 애마는 별감(別監)으로서 고려시대의 관명(官名)이다〕를 두었으며, 또 지방의 각도에서 올라오는 시위(侍衛)의 군사가 있다. 이들은 모두 앞 왕조 때부터 있던 것을 고쳐서 계승한 것이다. 호종(扈從)과 번직(番直)이 이미 면밀하고 신중하게 짜여 있고, 무거운 것이 가벼운 것을 통제하고 있으니, 편안한 가운데 위험을 잊지 아니하는 배려가 이렇듯 지극하다. 궁위(宮衛)에 관해서는 《정전(政典)》에서 자세히 이야기한 바가 있으므로 여기서는 다시금 췌언을 하지 않는다. 다만 그것을 어기거나 잘못하여 법도를 어기는 자는 그 일이 불경죄에 해당되므로 마땅히 무거운 법으로 다스려야 할 것이다. 상헌(常憲 정해진 법)을 받들고, 성실치 못함을 징계하기 위하여 〈궁위편(宮衛篇)〉을 짓는다.

105 부병(府兵) : 주 10 참조.

106 애마(愛馬) : 애마는 본래 원(元)의 숙위(宿衛)를 담당하던 관원 내지는 특수 군인을 가리키는 것인데, 고려가 몽고 지배를 받은 뒤로 궁중 숙위를 강화하기 위하여 설치한 홀지(忽赤) · 충용(忠勇) · 우달치(亏達赤) 등의 군사를 애마(愛馬)라 부르게 되었다. 그러나 나중에는 내시원(內侍院) · 다방(茶房) · 사이(司彝) · 사막(司幕) 등 국왕에 시종하는 궁관(宮官) 소속의 별감(別監)들까지도 숙위를 담당하게 됨으로써 그들도 애마 또는 성중애마(成衆愛馬)로 부르게 되었다.

人君之位 尊之至也 高之極也 尊故其任 甚重而非輕 高故其勢 甚危而難保 群下之所仰戴 其儀衛 不可以不備也 姦宄之所窺覦 其周防 不可以不密也 故內外 必嚴其守衛 出入 必謹其呵禁 周廬陛楯之制 創自古昔 我國家府兵之設 愛馬〔按愛馬別監 麗朝官名〕之置 與夫諸道侍衛之軍 皆因前朝之舊 而有所沿革 扈從番直 旣周且愼 居重御輕 安不忘危之慮至矣 詳著政典 玆不贅陳 但違誤失度者 事干不敬 當從重典 擧常憲 懲不悋 作宮衛篇

9. 군정 | 軍政

옛날 당(唐 堯임금)·우(虞 舜임금) 시대에는 고요(皐陶)가 군대의 장수가 되어 병(兵)·형(刑)의 직책을 총괄하였다. 성주(成周)에 이르러 병과 형이 나뉘어 하관(夏官)[107]과 추관(秋官)[108]이 되었으나, 그 운영에 있어서는 부득이 서로 밀접한 관련을 가지고 있었다. 대저 전쟁이란 위험한 일이다. 또 죽는 것이기도 하다. 인정이란 누구나 죽음을 싫어하고 살기를 바라는 것이다. 그런 까닭에 진(陣)을 치고 적과 대치하게 될 때에는 반드시 엄한 형벌을 먼저 세워 놓아 겁을 먹고 후퇴하는 것을 두려워할 줄 알게 해야 한다. 그래야만 사람들은 비겁하면 죽는다는 것을 알고 용기를 내어 살기를 바라게 될 것이며, 그리하여 다투어 화살과 돌멩이를 무릅쓰고 전진하여 물러서지 않을 것이다. 만약 명령을 위반하는 자를 다스리지 아니하고, 시기를 어긴 자를 처벌하지 않으면 군사를 모두 죽이고 말 것이니 경계하지 않을 수 없다. 그러므로 반드시 무거운 형벌을 내려서 여러 군사의 마음을 통일시킨 뒤에라야 군정(軍政)이 세워지고 무공(武功)이 이루어질 수 있을 것이다. 따라서 호령(號令)을 밝히고 난폭함을 막기 위하여 〈군정편(軍政篇)〉을 짓는다.

昔在唐虞 皐陶爲士 以總兵刑之任 逮至成周 分爲夏秋兩官 然其用 亦有不得不相須者焉 夫戰 危事也 死所也 人情孰不惡死而欲生 故當臨陣而對敵也 必先立嚴刑 以威怯退 然後 人知怯死 必欲勇生 爭冒矢石而不辭矣 若夫違命不整 違期失律 皆足以覆軍而喪師 不可以不戒也 故必用重典 以一衆心而後 軍政可擧 而武功成矣 故明號令 戢暴亂 作軍政篇

107 하관(夏官) : 정관(政官), 즉 병전(兵典).
108 추관(秋官) : 헌관(憲官), 즉 형전(刑典)

10. 관진〔관과 진〕| 關津

옛날에는 관(關)·진(津)[109]의 이(吏)는 이곳을 출입하는 사람들을 비밀히 조사하여 비상사태에 대처하는 일뿐이었다. 그런데 후세에는 관진을 출입하는 사람들로부터 세금을 징수하였다. 그래서 맹자(孟子)는 "옛날에 관(關)을 설치한 것은 난폭을 막기 위한 것이었으나, 오늘날 관을 설치한 것은 장차 난폭을 초래할 것"이라고 말하였다. 또 맹자는 "문왕(文王)이 기(岐)를 다스릴 적에는 관문(關門)과 저자에서 출입자를 조사만 할 뿐, 세금을 받지는 않았다"[110]고 말하고, "관문에서 조사만 하고 세금을 받지 않으면, 천하의 여행자들이 모두 기꺼이 그 길로 다니기를 원할 것이다"[111]고도 하였다. 맹자의 이 말은, 후세에 와서 포악해진 것을 싫어하고 선왕의 정치로 돌아가기를 원하는 뜻이었다.

지금 우리나라에서는 관·진이 있는 곳에는 모두 토지를 지급하여 관과 진의 이(吏)로 하여금 받아 먹게 하고, 진(津)에 배를 준비하여 여행자를 건너게 하였으나, 세금을 징수하지는 않는다. 비록 문왕(文王)[112]의 정치라 하더라도 이보다 더 나을 것은 없을 것이다. 장차 먼 지방을 여행하는 사람들은 기꺼이 관·진을 통과할 것이니, 이것은 맹자가 주장한 그대로인 것이다. 임진도(臨津渡)와 벽란도(碧瀾渡)는 경읍(京邑)에 매우 가깝기 때문에 특별히 별감(別監)을 파견하여 출입자를 조사하게 하고 있으니, 이것은 또한 경사(京師)[113]를 존중하고 나라의 근본을 무겁게 여기기 위한 것이다. 감히 이곳을 사사로이 건너거나 머물러서 배회하는 자가 있으면, 모두 형률(刑律)로써 논해야 할 것이다. 인정(仁政)을 근본으로 하고 간세(姦細 간첩)을 막기 위하여 〈관진편(關津篇)〉을 짓는다.

109 관(關)은 육지의 통로를 말하고, 진(津)은 강해(江海)의 통로〔나루〕를 말한다.

110 《맹자(孟子)》〈양혜왕(梁惠王) 하〉.

111 《맹자(孟子)》〈공손추(公孫丑) 상〉.

112 문왕(文王) : 주(周)의 문왕(文王). 상권 주 18 참조.

113 경사(京師) : 서울.

古者 關津之吏 譏察出入 以備非常而已 後世從而征之 故孟子曰 古之爲關也 將以禦暴 今之爲關也 將以爲暴 又曰 文王之治岐也 關市譏而不征 又曰 關譏而不征 則天下之旅 皆悅而願出於其路矣 蓋惡後世之爲暴 而有志於先王之治也 今我國家關津所在 皆爲給田 以食〔關〕津吏 備船 以濟行旅 而不征其稅 雖文王之政 蔑以加此 將見遠方之旅 悅而出其塗 如孟子之所論者矣 其臨津碧瀾二渡 密邇京邑 特遣別監 以加譏察 亦所以尊京師 重根本也 敢有私渡及留行者 各以律論 本仁政 詰姦細 作關津篇

11. 구목〔양마〕 | 廏牧

축산(畜產)을 기르는 법에 관하여는 《정전(政典)》에서 자세히 이야기하였다. 군국(軍國)의 소용으로서 매우 중요하기 때문이다. 목양법(牧養法)이 잘 만들어지면 축산은 번식하게 되며, 목양법이 잘 시행되지 않으면 축산의 손실이 매우 심해진다. 그런 까닭에 법령을 잘 만들어서 이것을 관장하는 관리로 하여금 경계심을 갖도록 해야 할 것이다. 〈구목편(廏牧篇)〉을 짓는 까닭이 여기에 있다.

牧養畜產之法 在政典 論之詳矣 軍國之用 所係甚重 牧養得其法 則畜產蕃息 不得其法 則損傷必甚 故當著令 使典守者知戒焉 作廏牧篇

12. 우역 | 郵驛

우역(郵驛)을 설치하는 것은 주전(廚傳 음식점과 여관)을 잘 경영하여 사신(使臣)을 접대함으로써 위로는 중국과 통교하고, 아래로는 정령(政令)을 선포하는 데 기여하는 것이니, 국가를 다스리는 사람은 마땅히 급선무로 삼아야 할 일이다.

전조(前朝) 말기에는 정령(政令)이 여러 군데에서 나오고, 사신이 너무 빈번하여 사람과 말의 왕래가 끊임이 없었으며, 더욱이 개인 집에 바치는 선물과 개인적인 여행까지도 모두 역로(驛路)를 경유하였기 때문에 우역을 침해하고 시끄럽게 하는 일이 헤아릴 수 없이 많았다. 그리하여 역리(驛吏)가 이를 감당하지 못하고 거의 다 도망가고 말았다.

전하께서는 무진년(戊辰年)[114]에 정의로운 거사로써 회군(回軍)을 한 뒤에 비로소 국정을 총람하여 옛날의 폐단을 남김없이 시정하였다. 좋은 벼슬아치를 뽑아서 내려보내 역승(驛丞)을 삼고, 떠돌아다니는 역리를 불러 모아 옛날의 역(役)을 다시 지게 하였다. 도로가 어느 정도 이용도가 높은가를 따지고, 또 그 도로에 어느 정도 역리(驛吏)와 역마(驛馬)가 있는가를 헤아려서 차등을 두어 토지를 지급하였다. 사적인 선물의 수송을 막고, 사적인 여행에 대한 경비 지출을 금지하였으며, 또한 나라의 사신 파견을 줄여 그들의 노고를 덜어 주었다. 즉위한 뒤에는 더 한층 역리의 생활을 구제하는 데 힘써서 토지를 더 보태어 지급하였다. 우역과 백성을 동정하는 마음이 이렇듯 깊고 애틋하였으며, 나라를 경륜하는 규모가 이렇듯 크고도 원대하였으니, 인(仁)이 지극하고 의(義)를 다하였다고 하겠다. 우역의 직책은 정전(政典)에서 관장한다. 그것은 통제를 바르게 하기 위한 것이다. 만약 임금의 뜻을 체득하지 아니하고 도리를 어겨서 폐단을 일으키는 자가 있으면 이를 형벌하여 용서하지 말아야 할 것이다. 이에 대한 조목이 다 갖추어져 있으므로 여기에서 거듭 강조하는 바이다.

114 무진년(戊辰年) : 우왕(禑王) 14년(1388).

置郵 所以謹廚傳 待使命 上以通朝聘 下以宣政令 有國家者 所當爲急者也 前朝之季 政出多門 使命繁數 前後絡繹 以至私門之饋獻 私行之往返 皆由驛路 侵擾百端 吏不能堪 逋亡殆盡 殿下自戊辰 仗義回軍之後 始總國政 悉革舊弊 選遣良士 以爲驛丞 招集流亡 使復其役 量其道路緊緩 人馬衆寡 給田有差 遏私獻之運輸 禁私行之供費 又簡使命 以息其勞 卽位以來 尤致存恤 加給其田 憫念郵民 旣深且切 經國規模 亦甚宏遠 仁之至 而義之盡也 郵驛之職 掌在政典者 所以定其制也 苟有不體聖意 非理作弊者 刑玆無赦 條目具存 故於此 申論之

13. 도적 | 盜賊

사람의 본성은 모두 착한 것이다. 부끄러워할 줄 아는 마음은 누구나 다 가지고 있다. 도적이 되는 것이 어찌 사람의 정(情)이겠는가? 항산(恒産 일정한 재산과 생업)이 없는 사람은 항심(恒心 일정불변한 마음)을 가질 수 없는 것이다.[115] 배고픔과 추위가 몸에 절실해지면 예의를 돌볼 겨를이 없어 부득이한 사정에 억눌려 도적이 되는 것뿐이다. 그런 까닭에 백성의 어른 노릇하는 사람은 인정(仁政)을 베풀어서 백성들이 자기의 생업에 안주할 수 있도록 해 주어야 한다. 백성들이 농사지을 때 제철을 놓치지 말게 해야 하며, 백성들의 힘을 손상시킬 정도로 수취해서는 안 된다. 남자는 먹고 남을 만큼 식량을 축적하고, 여자는 입고 남을 만큼 옷감을 소유하여, 위로는 부모를 섬기는 데 부족함이 없고, 아래로는 처자를 기르는 데 부족함이 없게 되면, 백성들은 예의를 알게 될 것이며, 풍속은 저절로 염치를 숭상하게 될 것이다. 도적은 없애지 않아도 저절로 없어질 것이다. 그러나 백성의 욕심이 염치를 잃으면, 이(利)를 추구하는 마음이 쉽게 솟구친다. 만약 형벌을 밝혀서 이를 다스리지않으면 막기가 어렵다. 그래서 《서경(書經)》에서는 "재화(財貨)로 인하여 사람을 죽이고 넘어뜨리면, 백성들은 이를 미워하지 아니할 사람이 없다"[116]고 하였다. 본래의 인성(人性)은 착하지만, 간사한 짓을 징계하기 위하여 〈도적편(盜賊篇)〉을 짓는다.

115 《맹자(孟子)》 〈양혜왕(梁惠王) 상〉에 보이는 "군민 즉무항산 인무항심(君民 則無恒産, 因無恒心)"이라 한 것과 같은 말.

116 《서경(書經)》 〈주서(周書) 강고편(康誥篇)〉. 원문은 "殺越 人于貨, 暋不畏死, 凡民罔不憝"(재물을 빼앗기 위하여 사람을 죽이고 넘어뜨리고서도 감히 죽음을 두려워하지 않으면 모든 백성들이 이를 미워하지 않을 사람이 없다)고 되어 있다. 이 구절은 《맹자(孟子)》 〈만장(萬章) 하〉에서도 인용되어 있다.

人性皆善 羞惡之心 人皆有之 盜賊豈人之情哉 無恒產者 因無恒心 飢寒切身 不暇顧禮義 多迫於不得已 而爲之耳 故長民者 能施仁政 民安其業 使之不奪其時 取之不傷其力 男有餘粟 女有餘布 上足以事父母 下足以育妻子 則民知禮義 俗尚廉恥 盜不待弭而自息矣 然民欲無厭 利心易熾 苟不明刑以制之 亦難禁也 故書曰 殺越人于貨 凡民罔不憝 本性善 懲姦寇 作盜賊篇

14. 인명투구 〔살상과 투구〕 | 人命鬪毆

사람에게 있어서 사람은 다 같은 동류(同流)이며, 다 같은 우리 동포(同胞)인 것이다. 그래서 서로 친해야 하고, 서로 해쳐서는 안 된다. 서로 해치는 것을 그냥 놔둔다면 인류는 멸망하고 말 것이다. 그런 까닭에 남을 죽인 자는 사형에 처하는 것이며, 남에게 상처를 입힌 자는 죄의 경중에 따라서 합당한 형(刑)을 주는 것이다. 한(漢)나라 법이 좋은 것도 이 까닭이다. 옛날이나 지금이나 형률(刑律)을 만드는 사람은 살상(殺傷)을 가장 무겁게 다루고, 투구(鬪毆 싸움)를 그 다음으로 다루었다. 형벌로써 형벌을 없애어 생명을 보존하고자 함이니, 어찌 인자하다고 하지 않겠는가! 〈인명투구편(人命鬪毆篇)〉을 짓는다.

人之與人 是爲同類 猶吾同胞也 故當相親 而不可以相殘 相殘而不禁 人類滅矣 故殺人者死 傷人者抵罪 漢法所以爲善 古今制律者 莫不以殺傷爲重 鬪毆次之 蓋辟以止辟 欲竝生也 嗚呼仁哉 作人命鬪毆篇

15. 매이소송 | 罵詈訴訟

인정(人情)이 서로 어긋나면 반드시 욕설로써 상대자를 공격한다. 입과 혀를 가지고 싸우는 것을 매이(罵詈)라고 부르며, 관부(官府)에 의탁하여 싸우는 것을 소송(訴訟)이라고 한다. 매이와 소송은 모두가 인정이 지극히 야박한 행동이지만 득실을 헤아려볼 만한 점이 없는 것은 아니다. 신분이 낮고 어린 사람이 존장자(尊長者)를 욕한다든가, 허위를 가지고 진실을 속이는 일은 더 한층 인정이 야박한 행동으로서 이것은 반드시 다스리지 않으면 안 된다. 그러나 소송을 처결해 주는 사람은 먼저 자기 자신의 덕을 밝게 하여 백성들로 하여금 두렵고 존경하는 마음을 가지고 복종하게 해야 하며, 악한 일을 막고, 성내는 것을 징계하여, 마침내는 처결해 줄 소송 사건이 없어지게 해야 한다. 그래야 만백성의 덕성이 후하게 될 것이다. 이런 뜻에서 〈매이소송편(罵詈訴訟篇)〉을 짓는다.

人情乖離 必以惡言相加 騰於口舌 曰罵詈 爭於官府 曰訴訟 雖皆偷薄之至 而非無得失之可議 卑幼辱其尊 虛僞誣其實 尤爲偷薄 而不可以不理者也 然聽訟者 先明其德 使民畏服 遏惡懲忿 無訟可聽 然後 民德厚矣 故作罵詈訴訟篇

16. 수장사위〔수뢰와 사기〕| 受贓詐僞

관리가 뇌물을 받으면 탐욕 때문에 관직을 망치며, 사람이 속임수를 쓰면 간사한 일 때문에 화란(禍亂)이 생긴다. 무릇 정치를 하는 사람은 이런 일을 소홀하게 생각해서는 안 된다. 진실로 의(義)와 이(利)가 다르다는 것을 밝혀서 염치의 절개를 장려한다면, 위에 든 두 가지 폐단은 없어질 수 있을 것이다. 하지만, 형률을 폐지할 수는 없다. 그래서 〈수장사위편(受贓詐僞篇)〉을 짓는다.

吏之受贓 貪以敗官 人之爲詐 姦以生亂 凡爲治者 不可忽也 苟明義利之分 以勵廉恥之節 二者之患 可以去矣 然其刑律 亦不可廢 故作受贓詐僞篇

17. 범간 | 犯姦

군자(君子)의 도(道)는 부부관계에서 단서가 이루어지는 것이며, 왕자(王者)의 교화는 규문(閨門)에서부터 시작된다. 작고 은밀한 일이지만, 이와 관계되는 것은 매우 중대하다. 부인의 품행이 좋지 못하고, 남녀 간에 구별이 없어지면, 인도(人道)가 흐트러지고 왕의 교화가 무너져버린다. 그렇다면 무엇으로써 국가를 다스려야 할 것인가? 옛날의 성왕(成王)들은 예(禮)를 가지고 사람들의 정욕(情欲)을 절제하게 하였으며, 형(刑)을 가지고 음탕한 행동을 억제하였다. 이것이 지치(至治)를 일으키고 풍속을 아름답게 만든 이유였다. 그리하여 혼인 제도를 바르게 할 것에 대하여는 《예전(禮典)》에서 밝혔고, 범간자(犯姦者)를 엄하게 처벌해야 할 법령에 대하여는 《헌전(憲典)》에서 규정해 놓았던 것이다. 예(禮)에서 이탈하면 반드시 형(刑)으로 들어간다 그래서 예로써 바르게 하고, 형으로써 징계하는 것이다. 성인(聖人)이 이 관계를 중요시함이 이러할진대, 후세에 기법(紀法)의 대종(大宗)을 만드는 사람이 어찌 이것을 소홀히 할 수 있겠는가?

君子之道 造端夫婦 王者之化 始自閨門 隱微之際 所係甚重 帷薄不修 男女無別 人道亂而王化泯矣 其何以爲國家哉 古昔聖王 爲禮 以節其情欲 爲刑 以制其淫邪 所以興至治 而美風俗也 故婚姻之制 謹之於禮典 犯姦之令 嚴之於憲典 蓋出乎禮 必入乎刑 禮以正之 刑以懲之 聖人之重之也如此 後之爲紀法之宗者 其可忽諸

18. 잡범 | 雜犯

잡범은 형 가운데서 작은 것에 속한다. 그러나 이로 인하여 가벼이 할 수 없는 일이 또한 있을 수 있다. 그래서 형금(刑禁)을 설정하여 백성들로 하여금 두려움을 알게 하고, 작은 일이라도 소홀히 여기지 않도록 해야 한다. 그것은 어리석은 백성들이 잘 모르고 가볍게 죄를 지을까 염려해서이지, 백성들을 속여서 형벌을 주려는 뜻은 아닌 것이니, 그 인자함이 또한 이렇듯 지극한 것이다. 그래서 〈잡범편(雜犯篇)〉을 짓는다.

雜犯 刑之細者 然因其事 而亦有不可以輕者焉 故爲設刑禁 使民知畏 不以其微而忽之 蓋慮愚民 無知而輕犯 不欲罔民以刑之 其仁亦至矣 故作雜犯篇

19. 포망단옥 | 捕亡斷獄

도망자를 잡아들이는 것은 반드시 엄해야 하며, 죄를 처단하는 것은 반드시 관대해야 한다. 체포를 엄하게 하면 죄지은 사람이 빠져 달아날 수 없게 되며, 처벌을 관대하게 하면 형벌을 받는 사람이 억울한 일이 없게 된다. 이것이 법 가운데 가장 좋은 법이다. 그러나 법이 좋아야 할 뿐 아니라 그것을 운영하는 사람이 또한 좋아야 한다. 그래서 《서경(書經)》에서는 "신중하고 조심스럽게 형벌을 걱정하고 애틋이 여기었다"[117]고 하였으며, 《주역(周易)》에서는 "죄의 처단을 밝고 신중하게 한다"고 하였다. 성인(聖人)의 경계심은 이렇듯 깊으시었다. 이로써 보면, 죄지은 사람을 불쌍하게 생각하는 인자스러움과, 밝고 신중한 덕을 갖춘 사람이 있어야 좋은 법이 실현될 수 있다. 그래서 신(臣)은 이미 〈헌전 총서(憲典 摠序)〉에서 이런 이야기를 한 바 있으며, 또 여기에서 다시 한 번 이것을 근본으로 하여 〈포망단옥편(捕亡斷獄篇)〉을 짓는 바이다.

捕亡必嚴 斷獄必恕 嚴則犯者不得以脫漏 恕則刑者不至於枉屈 此皆法之良者也 然法非徒善 惟在得人 故書曰 欽哉欽哉 惟刑之恤哉 易曰 明愼折獄 聖人之戒深矣 是必有欽恤之仁 明愼之德 然後可以行其良法也 故臣於總序 旣已言之 而於此又本之作捕亡斷獄篇

117 《서경(書經)》 〈순전(舜典)〉 순(舜)임금이 죄인을 처벌하되, 그 인간을 불쌍히 여기고 또 죄를 줄 적에 신중히 하였음을 이야기한 구절.

20. 영조 | 營造

옛날에는 백성들을 노역(勞役)시키는 것이 1년에 3일에 지나지 않았다. 백성들을 수고롭게 하지 않으려는 뜻이 이와 같았던 것이다. 《춘추(春秋)》[118]에서는 성(城)을 새로 쌓은 일을 빼놓지 않고 기록하였는데, 이것을 크게 경계하는 뜻에서 일부러 거듭거듭 기록한 것이다. 여기에서 성인(聖人)의 뜻을 살필 수 있다. 그러나 종묘(宗廟)는 조상을 받들기 위한 것이요, 궁원(宮苑)은 바라보이는 것을 위엄 있게 하기 위함이요, 성곽(城郭)은 요새지에 설치하는 것이다. 이러한 것들은 진실로 성인(聖人)도 그만둘 수 없는 것이다. 그 기한이나 독책은 헤아리기 어렵다.

古者 役民歲不過三日 其不欲勞民如此 春秋凡城築新作 靡不書 謹之重 故書之復 聖人之意可見矣 然宗廟 所以奉祖先也 宮苑 所以尊瞻視也 城郭 所以設險也 若此之類 誠非聖人之得已 則其期限程督 亦不可稽也

118 《춘추(春秋)》: 5경(五經)의 하나. 노(魯)의 사관(史官)이 지었고 공자(孔子)가 가필했다는 역사책.

21. 하방 〔하천 제방〕 | 河防

하천에 제방을 쌓는 일은 사람들에게 이익을 주는 것이 크다. 혹은 새 공사를 벌일 수도 있고, 혹은 옛날에 이루어진 것을 수리할 수도 있다. 지세(地勢)의 편리함을 따라서 조운(漕運)의 이(利)를 얻을 수도 있고, 관개(灌漑)의 이득을 얻을 수도 있다. 그러나 이러한 공사를 함에 있어서 필요한 노역(勞役)의 시기와 노력 부과의 정도에 관하여는 모두 법으로 정해져 있는 것이다. 당국자는 마땅히 이를 알고 있어야 한다.

河防之設 有益於人者大矣 或開其新 或修其舊 隨其地勢之便 而以爲漕運灌漑之利 然則其所以時其役 而程其力者 皆有法存焉 有司之所當知也

22. 후서 | 後序

신(臣)은 또한 이렇게 생각한다. 《헌전(憲典)》은 육전(六典) 가운데 하나지만, 나머지 오전(五典)은 모두 이 《헌전》의 도움을 받아서 이룩되지 않는 것이 없다. 예컨대 《이전(吏典)》에서 관리의 출척(黜陟)도 《헌전》이 없으면 그 선택을 공정히 할 수 없다. 《호전(戶典)》에서 징렴(徵斂)도 《헌전》이 없으면 그 법을 평등하게 운영할 수 없다. 《예전(禮典)》의 알맞은 법도는 《헌전》이 없으면 그 의례를 엄숙하게 할 수 없다. 《정전(政典)》의 호령(號令)도 《헌전》이 없으면 무리들을 위협할 수 없다. 《공전(工典)》의 토목공사도 《헌전》이 없으면 노력(勞力)을 줄여서 정도에 알맞게 할 수 없다. 특히 형률(刑律)과 같은 것은 《헌전》 중에서도 《헌전》이라 할 수 있다. 대개 오전은 제가끔 독립된 일을 가지고 있으나 육전 가운데 섞여 있는 것이 있으면, 각각 해당되는 전에서 일의 성격에 따라서 설명을 하였다. 그런데 《헌전》만은 육전의 어느 것과도 관련되지 않는 것이 없으니 정치를 보좌하는 법으로서 《헌전》만큼 중요한 것이 없다. 그러나 공자(孔子)는 말하였다. "법(法)으로써 이끌고 형벌로써 다스리면 백성들은 형벌은 모면하나 수치심이 없게 되고, 덕으로써 이끌고 예로써 다스리면 수치심을 갖게 되고 또 마음이 올바르게 된다"[119]고. 이 말을 들어 보면 본말(本末)과 경중(輕重)의 차이를 알 수 있는 것이다.

지금 우리 전하께서는 덕(德)이 인(仁)에서 우러나오고 예(禮)가 순서를 얻었으니, 정말로 정치의 근본을 체득했다고 할 수 있다. 형벌이나 단옥(斷獄)과 같이 정치의 보조 수단이 되는 것은 일률적으로 《대명률(大明律)》에 의거하였다. 그러므로 신은 《대명률》의 총목(總目)을 참용하여 《헌전》의 여러 편(篇)을 지었던 것이며, 이제 또 그 대략을 서술하여 후서(後序)를 짓는 바이다.

119 《논어(論語)》 〈위정편(爲政篇)〉.

臣又按 憲者 六典之一 而五者 莫不資是以有成 故吏典之黜陟 非憲 則無以公其選 戶典之徵斂 非憲 則無以均其法 禮典之節度 非憲 則無以肅其儀 政典之號令 非憲 則無以威其衆 工典之興作 非憲 則無以省其力而合其度矣 若夫刑律 又卽憲中之憲也 蓋五者 各一其事 有錯見於六典之中者 則各於其典 隨其義而論之 而憲典無乎不在 輔治之法 莫備於此也 然孔子曰 道之以政 齊之以刑 民免而無恥 道之以德 齊之以禮 有恥且格 觀此 可以知本末輕重之倫矣 今我殿下 德敦乎仁 禮得其序 可謂得爲治之本矣 其議刑斷獄 以輔其治者 一以大明律爲據 故臣用其總目 作憲典諸篇 又述其略 作後序云

六. 공전 | 工典

1. 총서 | 摠序

육관(六官 육전(六典))의 조목(條目) 가운데서 《공전(工典)》도 그 하나를 차지한다. 《서경(書經)》에 "백공(百工)이 때를 맞추어 일한다"[120]라 하고, 또 "무익한 것을 만들어 유익한 것을 만드는 일을 해치지 아니한다"[121]고도 하였다. 국가를 다스리는 사람은 반드시 비용을 절약하여 백성을 사랑해야 한다. 그런 까닭에 백공의 일은 마땅히 검박(儉朴)을 숭상하고, 사치와 방종을 경계해야 한다. 만약 나라의 비용을 절약하지 않으면 헛되이 비용을 소비하여 마침내는 재정이 텅 비는 지경에 이르게 될 것이다. 민력(民力)을 아끼지 않으면 역(役)이 수고로워 마침내는 백성들의 힘이 꺾이게 될 것이다. 재정과 민력이 허갈되고서 나라가 위태롭지 않은 경우는 없다. 옛날의 역사를 돌아보아도 정치가 잘되고 못되는 것과, 나라가 흥하고 망하는 것이 이와 관련되지 않은 것이 없다. 어찌 삼가지 않을 것인가! 그래서 《춘추(春秋)》에서는 무릇 백성을 부린 일이 있으면 반드시 그 일을 적고, 때를 맞추지 아니하여 의(義)를 해친 것은 진실로 죄가 되는 것으로 기록하였다. 또한 비록 때에 맞추어 일하고 의로운 것이라고 썼다 하더라도, 백성을 수고롭게 하는 것은 중대한 일이라는 것을 보여주었다. 임금이 이러한 의(義)를 안다면 민력을 이용하는 데 있어서 신중해야 함을 알게 될 것이다.

무릇 백공(百工)의 일은 한 가지가 아니다. 하나씩 열거하여 이야기해 보기로 하자. 궁원(宮苑)은 조정의 위엄을 높이고 명분을 바르게 하기 위한 것이다. 관부(官府)는 백료(百僚)가 거처하면서 직무를 수행하는 곳이다. 창고(倉庫)는 공부(貢賦)를 바치고 저장을 잘 해두기 위한 것이다. 성곽(城郭)은 외적을 막아서 뜻하지 아니한 변란을 대비하기 위한 것이다. 종묘(宗廟)는 조상을 제사하기 위한 것이다. 교량(橋梁)은 하천과 육지를 연결하여 왕래를 편하게 하기 위한 것이다. 병기

120 《서경(書經)》 〈주서(周書) 고요모(皐陶謨)〉.

121 《서경(書經)》 〈주서(周書) 여오(旅獒)〉.

(兵器)는 간사한 도적들을 방비하여 왕실을 지키기 위한 것이다. 노부(鹵簿)는 금위(禁衛)를 엄하게 하고 의위(儀衛)를 빛나게 하기 위한 것이다. 그 밖에 금공(金工) · 옥공(玉工) · 목공(木工) · 석공(石工), 기와 굽는 공〔전식지공(塼埴之工)〕, 실 만드는 공〔사시지공(絲枲之工)〕, 가죽 만드는 공〔공피지공(攻皮之工)〕, 모직물 만드는 공〔전계지공(氈罽之工)〕, 그림 그리고 조각하는 공〔화소지공(畫塑之工)〕 등이 있어서 각각 그 무리들이 있다.

전조(前朝)의 말기에는 경비 지출에 절제가 없고 백성을 부리는 데 있어서 때를 가리지 않아서 백성들이 원망하고 하늘이 분노하여 스스로 멸망하게 되었던 것이다. 우리 전하께서는 천성이 근검하여 무릇 공사를 일으킬 적에는 반드시 부득이한 경우에 한하여 하였으며, 백성들을 부릴 적에는 반드시 농한기를 이용하였다. 그런 까닭에 백공이 잘 다스려지고 여러 공적이 크게 빛나게 되었다. 비용을 절약하고 백성을 사랑하는 아름다운 뜻은 옛날을 뛰어넘는 것이 만 배나 된다. 이것을 편으로 지어서 후세 사람들에게 보여 주어야 할 것이다. 《공전》을 짓는 까닭이다.

六官之目 工居一焉〔一焉 一本 作其一〕書曰 百工惟時 又曰 不作無益 害有益 爲國家者 不可不節用而愛民 故百工之事 當崇儉朴 而戒奢縱也 夫不節國用 則妄費而至於財殫 不重民力 則勞役而至於力屈 財力竭而國家不危者 未之有也 若稽古昔 治亂存亡 靡不由此 可不愼哉 是以春秋 凡用民必書 其所興作 不時害義 固爲罪矣 雖時且義 亦書 見勞民 爲重事也 人君而知此義 則知愼重於用民力矣 凡工之事非一 請枚擧而言之 曰宮苑 所以尊朝廷 而正名分也 曰官府 所以處百僚 而供其職也 曰倉庫 所以納貢賦 而愼蓋藏也 曰城郭 所以禦外侮 而備不虞也 曰宗廟 所以祀祖宗也 曰橋梁 所以通川陸 而利往來也 曰兵器 所以備姦寇 而衛王室也 曰鹵簿 所以〔一本 無所以二字〕嚴禁衛 而昭文章也 其他 金工 玉工 木工 石工 塼埴之工 絲枲之工 攻皮之工 氈罽之工 畫塑之工 各有其屬 前朝之季 用度無節 使民不以其時 民怨天怒 自底滅亡 惟我殿下 天性勤儉 凡所興作 必不得已 然後爲之 而其使民 皆於農隙 故百工久釐 庶績咸熙 其節用愛民之美意 度越古昔萬萬矣 宜著于篇 以示後來 作工典

2. 궁원 | 宮苑

궁원(宮苑)[122]의 제도는 사치하게 되면 반드시 백성들을 수고롭게 하고 재정을 손상시키게 되며, 누추하게 되면 조정에 대한 존엄을 보여 줄 수가 없다. 검소하면서도 누추하지 않고, 장려하면서도 사치스럽지 않게 하는 것, 이것이 아름다운 것이다. 그런데 검소한 것은 덕(德)과 같은 것이며 사치한 것은 악(惡) 가운데 대악(大惡)이다. 사치를 부여하기보다는 차라리 검소해야 한다. 띠로 지붕을 덮고 흙으로 계단을 쌓은 초라한 집에서도 마침내는 태평스런 정치를 이룩할 수 있는 것이며, 옥으로 방을 꾸민 호화스런 저택에서 나라가 위태해져서 멸망하는 화란[123]을 구해낼 수 없는 것이다. 아방궁(阿房宮)을 지었으나……〔4자가 탈락됨〕……마음의 일단을 여기에서도 가히 엿볼 수 있다.

宮苑之制 侈則必至勞民傷財 陋則無以示尊嚴於朝廷也 儉而不至於陋 麗而不至於侈 斯爲美矣 然儉 德之共也 侈 惡之大也 與其侈也 寧儉 茅茨土階 終致時雍之治 瑤臺瓊室 不救危亡之禍 阿房作而〔四字 缺〕心之一端 於此亦可見焉

122 궁원(宮苑) : 궁궐과 원유(苑囿).

123 화란 : 진시황제(秦始皇帝) 35년(B.C. 212)에 위수(渭水) 남쪽에 지은 궁전. 호화롭기로 유명함.

3. 관부 | 官府

모든 관청은 제가끔 직책을 가지고 있으므로 정사(政事)를 돌보는 장소가 불가불 완전히 갖추어져야 한다.
우리나라는 위로는 도평의사사(都評議使司) · 문하부(門下府) · 삼사(三司) · 중추원(中樞院) · 사헌부(司憲府)가 있고, 아래로 육조(六曹), 여러 시(寺), 여러 감(監), 여러 서(署), 여러 국(局)이 있으며, 지방의 군(郡)에도 관청이 있다. 이들 관서에는 제각기 관청 건물이 있고, 사서(史胥)들이 있으며, 행정 서류와 문방구 등이 하나도 빠짐없이 갖추어져 있어서 모든 일이 지체 없이 거행되고 있다. 아! 아름답기도 하다!

百司庶府 各有其職 則其聽政之所 不可不完具也 國家上自都評議使司 門下府 三司 中樞院 司憲府 下而六曹 諸寺 諸監 諸署 諸局 以至外郡有司 各有攸宇史胥之屬 案牘之具 無一不完 庶事無滯 嗚呼美哉

4. 창고 | 倉庫

나라에 3년간 쓸 수 있는 식량의 저축이 없으면 그 나라는 이미 나라가 아니다. 관자(管子)[124]는 말하였다. "창고에 곡식이 차 있어야 예절을 안다"고. 그러므로 창름(倉廩)·부고(府庫)는 국가에 관계되는 바가 매우 중요하다. 창고가 충실하냐, 텅텅 비어 있느냐 하는 것은 곡식의 저장 관리를 잘하느냐 못하느냐와, 수입을 헤아려서 경비를 지출〔양입위출(量入爲出)〕하느냐 안 하느냐에 좌우된다.

우리나라에서는 모든 창고의 명칭을 고려시대의 옛 이름을 계승하였다. 광흥창(廣興倉)은 백관의 녹봉을 지급하기 위한 창고이며, 풍저창(豊儲倉)은 국용(國用)[125]을 저축해 둠으로써 흉년과 뜻하지 아니한 재변에 대비하기 위한 것이다. 장흥창(長興倉)과 의창(義倉)[126]은 빈민에게 곡식을 진대(賑貸)하기 위한 것이다. 의성고(義成庫)·덕천고(德泉庫)·내장고(內藏庫)·보화고(保和庫)·의순고(義順庫) 등 오고(五庫)[127]는 내용(內用 왕실경비)을 지급하기 위한 것이다. 전조(前朝)의 말기에는 권신(權臣) 이인임(李仁任)[128], 임견미(林堅味) 등이 정권을 마음대로 하여 공(公)을 메마르게 하여 사(私)를 살찌우고, 토지를 강제로 빼앗아서 산야를 농락하였다. 또한 신우(辛禑)는 경비 지출이 무절제하고 내탕(內帑)의 재산을 모두 환관과 부인의 손에 귀속시킴으로써 창고가 텅텅 비게 되어 거의 한 섬의 곡식도 남아 있지 않았다.

전하께서는 경계(經界)를 바르게 하여 균전(均田)을 이룩하고, 검소를 숭상하고 비용을 절약하였으며, 녹을 후하게 주어 사(士)를 격려하는 기풍이 일어났다. 태창(太倉)에는 곡식이 썩고 있었기 때문에 창고를 짓고 수리하는 일은 진실로 부득이

124 관자(管子) : 관중(管仲)의 경칭. 또는 관중이 지은 책 이름.

125 국용(國用) : 국가의 공공 행사에 필요한 비용. 예컨대 제사(祭祀)·빈객 접대·사냥·상황(喪荒) 등. 본서 〈부전(賦典) 국용편(國用篇)〉 참조.

126 의창(義倉) : 본서 〈부전(賦典) 의창편(義倉篇)〉 참조.

127 오고(五庫) : 본서 〈부전(賦典) 상공편(上供篇)〉 참조.

128 권신(權臣) 이인임(李仁任 ?~1388) : 고려(高麗) 우왕(禑王) 때의 권신(權臣). 이조년(李兆年)의 손자. 매관 매작과 토지 겸병(兼併) 등 악정(惡政)을 자행하다가 최영·이성계 등 무장(武將) 세력에 의하여 축출됨.

한 일이라 하겠다.

國無三年之儲 國非其國 管子曰 倉廩實而知禮節 則倉廩府庫之於國家 關係實重 其所以充實與虛竭 在乎愼其蓋藏 量入爲出之如何耳 國家凡諸倉庫之名 皆因前朝之舊 曰廣興 所以支百官祿俸 曰豐儲 所以儲國用 備凶荒不虞之災 曰長興 曰義倉 所以賑貸於貧乏者也 曰義成 曰德泉 曰內藏 曰保和 曰義順等五庫 所以供內用也 前朝之季 權臣李仁任 林堅味等用事 瘠公肥私 攘奪士田 籠絡山野 而又辛禑用度無節 帑藏 皆歸於宦寺婦人之手 以至倉廩空竭 幾無儋石之儲矣 惟我殿下 正經界而均田 崇儉素而節用 重祿 有勸士之風 太倉 有紅腐之粟 則其所以營造修葺 誠有不獲已者也

5. 성곽 | 城郭

성곽은 외적을 막고 안을 지키기 위한 것으로서 국가를 다스리는 자는 이것을 방치할 수 없다. 그러나 성곽에는 일정한 제도가 있고, 축성을 위한 역사(役使)에는 일정한 시기가 있으므로 불가불 삼가지 않으면 안 된다. 대도(大都)의 성(城)은 국도(國都)의 3분의 1 이상이 되어서는 안 되며, 읍(邑)에는 백치(百雉)[129]의 성을 쌓지 않는 것이 성곽의 제도이다. 또한 토목공사를 할 때 용성(龍星)이 보이면 일을 조심하고, 화성(火星)이 보이면 공사를 일으키며, 수성(水星)이 저녁에 보이면 공사를 진행하고, 동지(冬至)에는 공사를 마쳐야 한다. 이것이 토목공사에 있어서 때를 맞추는 것이다. 성의 크기는 제도를 초과해서는 안 되며, 역사(役使)에 있어서는 때를 어기면 안 된다. 또한 재용(財用)은 합리적으로 분배해야 한다. 널빤지와 기둥을 다듬고, 삼태기와 공이를 헤아리고, 흙을 계량하고, 멀고 가까움을 따지고, 기지(基址)의 크기를 생각해야 한다.[130] 성의 너비를 헤아리고 성 밑에 파는 도랑〔해자〕을 따져 보고, 식량을 준비하고, 주무 관청을 배정하고, 공사의 양을 헤아려 기한을 정해야 한다. 그리하여 공사의 바탕에서부터 잘못된 점이 없게 한 다음에 비로소 일을 시작하는 것이 옳다. 만약 때와 제도를 어기고 망령되게 큰 공사를 일으킨다면, 이 백성을 사랑하고 휴양시키는 의로운 일이라고 할 수 있을까? 은공(隱公)[131]은 중구(中丘)와 성랑(城郞)에 성을 쌓았는데, 모두 여름철에 쌓았다. 《춘추(春秋)》에서는 그가 농사를 방해하였기 때문에 때를 어겼다고 기록하였다. 장공(莊公)[132]은 미(郿)[133]의 성곽을 겨울에 쌓음으로써 시기는 잘 맞추었으나, 《춘추》에서는 또한 보리와 벼가 크게 흉년이 들었음을 기록하였다. 이것은 장공이 그 해의 풍흉을 돌아보지 아니하고 경솔하게 불필요한 일에 민력을 이용했음을 《춘추》가 보여주기 위한 것이었다.

129 백치(百雉) : 치(雉)는 성(城)의 크기를 재는 단위로서 1치는 길이 3장(丈), 높이 1장의 성벽을 말함.

130 《좌전(左傳)》 〈선왕(宣王) 11〉.

131 은공(隱公) : 춘추시대 노(魯)의 군주.

132 장공(莊公) : 춘추시대 노(魯)의 군주.

133 미(郿) : 노(魯)의 읍(邑).

우리 전하께서는 나라를 개창한 뒤에 송경(松京)[134]이 고도(古都)인 까닭에 옛 성이 허물어지고 또 그 성기(城基)가 너무 넓고 멀어서 방위하는 데 어려움이 있음을 염려하여 옛 성기(城基)를 10분의 1로 축소하여 축성하였다. 신이 일찍이 《맹자(孟子)》를 읽으니 "지형의 유리함은 인심의 화합만 같지 못하다"[135]고 하였고, 《당사(唐史)》에는 또한 "이적(李勣)[136]은 은연한 태도가 만리장성과 같았다"고 쓰여 있다. 이것을 본다면 예부터 국가의 안녕은 다만 성곽이나 연못의 험하고 견고한 것만을 믿어서는 안 된다. 전하께서는 현명한 인재를 임용하고, 생민을 아끼고 휴양하여 인심(人心)으로써 성(城)을 쌓고 있으니, 정말로 정치의 근본을 안다고 하겠다.

城郭 所以捍外 而衛內者也 有國家者 所不得已 然城有制 役有時 不可不謹也 大都不過三國之一 邑無百雉之城 制也 凡土工 龍見而戒事 火見而致用 水昏正而栽 日至而畢 時也 城不踰制 役不違時 又當分財用 平板榦 稱畚築 程土物 議遠邇 略基址 揣厚薄 任溝洫 具餱糧 度有司 量功命日 不愆于素 然後爲之可也 苟失其時制 妄興大作 其如愛養斯民之義何哉 隱公城中丘 城郎 而皆以夏 春秋書之 以其妨農務而非時也 莊公冬築郿 雖得其時 春秋書之 又書大無麥禾 所以著莊公不視歲之豐凶 而輕用民力於其所不必爲也 惟我殿下 開國之初 因松京故都 慮其舊城頹圮 且其基闊遠 難於防守 約舊基三分之一而築之 臣嘗讀孟子曰 地利不如人和 唐史又謂 李勣隱然若長城 則自古國家之安 非徒恃於城池之險固也 殿下任用賢材 愛養生民 以人心爲城 亦可謂知所本矣

134 송경(松京) : 개성(開城), 개경(開京).

135 《맹자(孟子)》 〈공손추(公孫丑) 하〉.

136 이적(李勣) : 당고조(唐高祖) 태종(太宗)의 장수.

6. 종묘 | 宗廟

제사(祭祀)는 나라의 대사(大事)이다. 그러므로 국가를 다스리는 자는 반드시 먼저 종묘(宗廟)를 세우고 다음에 사직(社稷)을 세운다. 종묘사직의 제사에서 잔을 올리는 의식에 관하여는 《예전(禮典)》에서 자세히 설명하였다. 만약 의식을 불성실하게 하는 자가 있는 경우에는 《헌전(憲典)》에서 규찰한다.
종묘사직의 신축과 수리에 관하여는 지금 《공전(工典)》에서 설명한다. 종묘사직만이 아니라 풍(風) · 운(雲) · 뇌(雷) · 우(雨)에 관한 제사와 성황(城隍) · 산하(山河)에 관한 제사도 각각 그 장소가 있어서 두루 세밀하고 완전하게 되어 있지 않은 것이 없으니, 신령이 내려주신 은혜에 대한 보답의 뜻을 이보다 더 어떻게 할 수 있을 것인가?

祀 國之大事也 故有國家者 必先立宗廟 而社稷次之 其酌獻之儀 詳著於禮典之中 如有不恪者 糾之以憲 其營繕之制 則又於此著之矣 不寧惟是 風雲雷雨之祀 城隍岳瀆之祠 各有其所 無不致其周完 其所以答神休報靈貺之意 爲如何哉

7. 교량 | 橋梁

《맹자(孟子)》에 이런 말이 있다. "10월에 작은 다리가 만들어지고, 12월에 수레가 다닐 만한 큰 다리가 만들어지면, 백성들은 물을 건너는 일을 근심하지 않게 될 것이다."[137] 국가를 다스리는 자는 교량을 만들어서 왕래를 편하게 하는 것이 또한 왕도정치의 일단이다.

孟子曰 十月徒杠成 十二月輿梁成 民未病涉也 有國家者 作橋梁 以通往來 亦王政之一端也

137 《맹자(孟子)》〈이루(離婁) 하〉. 원문은 10월이 아니라 11월로 되어 있다.

8. 병기 | 兵器

무비(武備)는 병기(兵器)보다 더 중요한 것이 없다. "활과 화살을 넉넉히 갖추고, 방패와 창과 크고 작은 도끼를 지니고 나서, 바야흐로 길을 떠나도다."[138] 이것이 문왕(文王)이 저거(徂莒)[139]를 물리치게 된 까닭이다. "너의 갑옷을 잘 꿰매고, 너의 방패를 잘 손질하여 부족함이 없게 하고, 너의 활과 화살을 잘 준비하고, 너의 봉인(鋒刃)을 잘 갈아서 불선(不善)함이 없게 하라"[140]고 하였으니, 노(魯)나라 제후[141]가 서융(徐戎)[142]을 정복한 까닭이 이것이다. 대개 나라 안의 간당(姦黨)을 진압하고 외적의 침구를 막는 데 병기가 없으면 할 수 없다. 왜 그러할까? 비록 맹분(孟賁)[143]이나 오확(烏獲)[144]과 같은 무리들이라 하더라도 병기가 없으면 맨주먹으로 전쟁에 나갈 수는 없기 때문이다. 또한 비록 겁 많고 용기 없는 사람들이라도 만약 갑옷과 투구를 입히고 창을 갖게 한 다음 군중을 이루어 진을 만들어 놓으면, 적이 두려워하고 위축되어 감히 말을 몰아 달려 나오지 못할 것이다. 하물며, 용감하고 힘센 장부(丈夫)에게 견고한 갑옷을 입히고 예리한 병기를 쥐어주면 이른바 호랑이가 날개를 단 격이 될 것이다. 그렇다면 기계(器械)를 어찌 갖추지 아니할 수 있을까?

우리나라에서는 군기감(軍器監)을 설치하여 활 · 칼, 갈래 진 창, 세모진 창, 갑옷과 투구, 그리고 화약 등을 만들고, 깃발 · 북 · 징 따위들도 빠짐없이 갖추고 있다. 매달 그믐에는 그 달에 만든 병기를 바쳐서 무고(武庫)에 저장해 놓고 책임 관리로 하여금 이를 지키게 한다. 또한 각 도의 도절제사(都節制使)에게 명령하여 도내에서 주조한 병기가 혹시 불근(不謹)함이 없는가를 감독하게 하였다. 무비(武備)를

138 《시경(詩經)》 〈대아(大雅) 공류편(公劉篇)〉에서 인용.
139 저거(徂莒) : 주(周)의 변방 민족의 하나.
140 《서경(書經)》 〈주서(周書) 비서(費誓)〉. 노(魯)의 제후인 백금(百禽)의 행적을 적은 것.
141 제후 : 백금(百禽).
142 서융(徐戎) : 주(周)대 변방 민족의 하나.
143 맹분(孟賁) : 전국(戰國) 위(衛)의 유명한 용사.
144 오확(烏獲) : 진(秦) 무왕(武王)의 신하로서 장사(壯士).

강구함이 이렇듯 유감이 없다.

武備 莫大於兵器 弓矢載張 干戈戚揚 爰方啓行 文王所以遏徂莒也 善敹乃甲胄 敿乃干 無敢不弔 備乃弓矢 礪乃鋒刃 無敢不善 魯侯所以征徐戎也 蓋鎭壓內姦 捍禦外寇 非兵器 無以爲也 何者 雖孟賁 烏獲之徒 苟無兵器 不可以赤手而赴難 雖怯懦無勇之輩 苟使被甲胄 執戈矛 群聚而成陣 則敵且畏縮 不敢長驅而進矣 況其仡仡勇夫 被堅執銳 則所謂虎而翼者也 然則器械可不修乎 我國家 置軍器監 造弓劍戈矛介胄 火藥等物 至於旗鼓鐃鐲之類 無一不具 必於每月晦 獻其月內所造 藏之武庫 有司守之 又令諸道都節制使 監督道內所鑄兵器 無或不謹 其講武備也盡矣

9. 노부〔행차 의장〕| 鹵簿

노부(鹵簿)는 존엄을 보여주기 위한 것이다. 안에서 조회를 할 때에나, 밖으로 행행(行幸)을 할 때에 만약 의장대(儀仗隊)가 좌우에서 따라가지 않는다면 누가 임금의 존엄을 알 수 있을까?

우리나라에서는 당국에 명하여 무릇 의위(儀衛)에 필요한 기상(旗常)·도모(纛旄)·산개(傘蓋)[145] 등의 물건을 화려하게 만들어서 한 가지도 불완전한 것이 없으니, 이 얼마나 성대한 일인가! 그러나 문물을 다 갖추는 것은 종묘나 사직을 제사지낼 때에만 그렇게 해야 하며, 그 밖의 일에 있어서는 문물의 장비를 간소화해야 한다. 그것은 천지와 조종(祖宗)에 대한 공경은 지극하게 해야 되지만, 임금 스스로 거처할 때에는 검소해야 하기 때문이다. 이것은 불가불 분별하지 않으면 안 된다.

鹵簿 所以示尊嚴也 內而朝會 外而行幸 苟無儀仗環侍左右 則孰知人主之尊乎 國家命攸司 凡諸儀衛 曰旗常 曰纛旄 曰傘蓋等物 致其華麗 無一不完 吁盛矣哉 然盡文備物 當祭宗廟郊社則爲之 其餘則簡焉 所以致敬於天地祖宗 而自處以薄 此又不可不辨也

145 기상(旗常)과 도모(纛旄)는 모두 왕이 조회(朝會)할 때나 행행(行幸)할 때 세워 두는 깃발. 산개(傘蓋)는 햇빛을 가리기 위하여 씌우는 양산.

10. 장막 | 帳幕

하늘에 치는 장막과 땅에 까는 포설(鋪設)은 임금의 행차와 빈객의 접대에 필요한 물건이다. 전조(前朝)에는 사설서(司設署)를 설치하여 포설을 관장하게 하였으며, 사막(司幕)을 두어 장막을 관장하게 하였다. 직은 하나인데 직임은 둘이 되어 식자들이 이를 비판하였다.

전하께서 즉위한 뒤에 관제를 개혁하여 번잡하고 쓸데없는 관직을 폐지하려고 하였으나, 건국 초창기에 모든 일을 새로이 시작하기에 바빠서 미처 이를 고치지 못하였다. 만약 이러한 따위가 혹시 있다면, 그것을 만드는 일과 그것을 시설하는 공역(工役)은 구분해야 할 것이다. 훗날 정사가 한가로운 때를 맞이하게 되면, 논의를 맡은 선비들이 이러한 일들을 다시 취급하여 고쳐 나가야 옳다.

帳幕鋪設 所以備行幸 供賓客之用也 前朝置司設 以掌鋪設 置司幕 以掌帳幕 一職而二任 識者譏之 殿下卽位 改革官制 蓋欲汰其煩冗 而草創更始 未遑及改 如此類者或有之 則其造作工役 亦分矣 佗日閑暇之時 論議之士 取此等事 釐而正之可也

11. 금 · 옥 · 석 · 목 · 공피 · 전식 등공 | 金玉石木攻皮塼埴等工

백공(百工)의 기술은 그것이 비록 비천한 것이라 하더라도, 국가의 이용 면에서 볼 때에는 매우 긴요한 것으로, 그 어느 하나라도 내버려서는 안 된다. 작은 것은 일일이 매거할 수 없으므로 이제 잠시 큰 것만을 들어서 이야기해 보기로 한다. 갑옷 · 투구 · 칼 · 창과 같은 병기나, 솥 · 가마, 세 발 달린 솥 따위와 같은 그릇은 만약 금공(金工)이 없다면 어떻게 쇠를 단련하여 물건을 만들어낼 수 있을까? 규(圭) · 벽(璧) · 완(琬) · 염(琰)[146]과 같은 부서(符瑞)[147]나, 옥(玉) · 패(珮) · 경(瓊) · 거(琚)[148]와 같은 의복의 장식품은, 만약 옥공(玉工)이 없다면 어떻게 새기고 쪼고 갈고 다듬어서 그러한 물건을 만들 수 있겠는가? 여기에 석재(石材)가 있다고 하자. 만약 돌을 다룰 줄 아는 석공이 없다고 한다면 어떻게 이 돌로써 비갈(碑碣)을 세울 것이며, 어떻게 이 돌을 가지고 섬돌과 초석을 놓을 수 있겠는가? 저기에 목재(木材)가 있다고 하자. 만약에 목재를 다룰 줄 아는 목공이 없다면 어떻게 집을 짓고, 어떻게 배와 수레를 만들겠는가? 이것들뿐만이 아니다. 이 밖에 가죽 만드는 공장〔工匠 공피공(攻皮工)〕, 기와 굽는 공장〔전식공(塼埴工)〕, 실을 만드는 공장〔사시공(絲枲工)〕, 그림 그리는 공장〔회화공(繪畫工)〕 등도 모두 그 쓰임이 절실한 것들로서 없어서는 안 될 것들이다.

그러나 검약을 힘쓰고 사치를 경계하는 것이 백공을 쓰는 근본이다. 검약을 경계하는 것은 정치를 편안하게 하는 도이며, 사치를 따르는 것은 화란(禍亂)을 불러오는 단서가 된다. 그러므로 이 두 가지 사실은 불가불 말해 두지 않을 수 없다.

우리 전하께서는 천성이 검소하고 백성을 사랑하며 비용을 절약하고 있다. 무릇 물건을 만들거나 공사를 일으킬 적에는 반드시 부득이한 경우에 한하여 일을 시킨다. 그런 까닭에 백공이 때를 맞추어 일하며, 여러 공적이 크게 빛나게 되었다. 《서경(書經)》에 이런 구절이 있다. "공(工)은 기예(技藝)의 일을 맡아 하면서 간(諫)

146 모두 부서(符瑞)의 종류.

147 부서(符瑞) : 《예전(禮典)》 〈부서편(符瑞篇)〉 참조.

148 모두 옥으로 만든 장식품.

한다."[149] 이 문구를 해석한 사람은 이렇게 말하였다. "나라의 선령관(宣令官)이 곳곳에 돌아다니며 찾아가지 않는 곳이 없었기 때문에 아무리 작은 말이라도 소홀히 취급되는 일이 없었다"고. 이것이야말로 임금이 마땅히 알아두어야 할 것이다. 그래서 신은 이것을 겸하여 적어 두는 바이다.

百工之技 雖其卑且賤者 其於國家之用 實爲緊要 皆不可廢也 小者不可枚擧 姑擧其大者言之 兵器 若介胄劍戟 器皿 若錡釜鼎鐺 苟無金工 何以鍛鍊鎔範 以成其物 符瑞 如圭璧琬琰 服飾 如玉佩瓊琚 若無玉工 何以雕琢磨礱 以成其器哉 有石於斯 若無攻石之工 何以樹碑碣 何以築砌礎哉 有木於彼 若無攻木之工 何以立宅舍 何以作舟車哉 不寧惟是 其佗攻皮之工 摶埴之工 絲枲之工 繪畫之工 皆切於用 不可缺焉 然務儉約 而戒奢華 乃其本也 儉則治安之道 奢則禍敗之端 於斯二者 不可不論焉 我殿下 天性儉素 愛民節用 凡諸工作 必出於不得已 然後使之 故百工惟時而庶績咸熙矣 書曰 工執藝事 以諫 釋之者以爲 理無往而不在 故言無微而可略 此實人主之所當知也 故臣倂書之

149 《서경(書經)》 〈하서(夏書) 윤정(胤征)〉, 정도전 《경제문감(經濟文鑑) 하》 〈대간편(臺諫篇)〉 참조.

정총(鄭摠)의 후서(後序)

육전(六典)을 지은 것은 그 유래가 매우 오래 되었다. 《주례(周禮)》를 살펴보면 이렇다. 첫째는 〈치전(治典)〉으로서, 이것은 방국(邦國)의 기강을 세우고 관부(官府)를 다스리며 만민을 다스린다. 둘째는 〈교전(敎典)〉으로서, 이것은 방국을 편안하게 하고 관부를 가르치며 만민을 온순하게 길들인다. 셋째는 〈예전(禮典)〉으로서, 방국을 평화롭게 하고 백관을 통합하여 만민을 화합하게 한다. 넷째는 〈정전(政典)〉으로서, 방국을 바르게 하고 백관을 바르게 하며 만민을 고르게 한다. 다섯째는 〈형전(刑典)〉으로서, 방국을 평정하고 백관을 벌주며 만민을 규탄한다. 여섯째는 〈사전(事典)〉으로서, 방국을 풍부하게 하고 백관으로 하여금 공을 세우게 하며 만민을 기른다. 〈치전〉은 〈이전(吏典)〉에, 〈교전〉은 〈호전(戶典)〉에 해당하며, 〈정전〉은 〈병전(兵典)〉에 해당되며, 〈사전〉은 〈공전(工典)〉에 해당된다.

옛날부터 천하 국가의 치란과 흥망은 그 까닭을 환하게 알 수 있다. 치(治)·흥(興)이 이루어지는 것은 육전(六典)을 밝게 해서 그렇게 된 것이며, 난(亂)·망(亡)이 나타나게 된 것은 육전에 어두워져서 그렇게 된 것이다.

고려 말기에는 정치 교화가 무너지고 기강이 퇴폐했으며, 이른바 육전은 이름만 있고 내용은 없어졌다. 뜻있는 인사들은 주먹을 불끈 쥐고 탄식한 지 오래였다. 난세가 극도에 달하면 치세가 돌아오는 것은 천리(天理)의 필연적인 사실이다.

우리 전하께서는 하늘에 응하고 인민에 순하여 잔폭한 자들을 제거하고 구폐를 혁파하여 교화를 일신하였다. 관리의 성적을 때에 맞추어 심사하여 암우(暗愚)한 자를 내쫓고 현명한 사람을 승진시키니 《치전》이 밝아지게 되었다. 요역(徭役)을 가벼이 하고 부(賦)를 헐하게 하여 생민을 휴양시키니 《교전》이 밝아지게 되었다. 거여(車輿)와 의복에 문채를 갖게 되고, 윗사람과 아랫사람에 구별을 짓게 되었으니 《예전》이 밝아졌다고 하겠다. 군복과 병기를 능히 다스리고, 적은 눌러 모욕을 당하지 않게 하였으니 《정전》이 밝아졌다고 하겠다. 범죄를 다스림이 실정을 얻었고, 백성들의 억울한 일이 없어졌으니 《형전》이 밝아지지 않았다고 말할 수 없다. 백공이 바르게 되고 여러 공적이 빛나게 되었으니 《사전(事典)》이 밝지 않다고 할 수 없다. 이에 판삼사사(判三司事) 봉화백(奉化伯) 신(臣) 정도전(鄭道傳)은 한 권의 책을 써서 이름하여 《경국전(經國典)》이라 하였으며, 이것을 전하에게 바치게 되었다. 전하께서는 마음속으로 기뻐하시고 이를 주무 관리에게 부탁하여 금궤(金匱)에 간직해 두게 하였으며, 신(臣) 총(摠 정총(鄭摠))에게 명령하여 이 책의 끝에 서(序)를 짓게 하였다. 신 총은 가만히 엎드려 생각해보니, 일대(一代)가 흥할 때에는 반드시 일대의 법제가 있는 법이다. 만약 명군(明君)과 양신(良臣)이 서로 만나서, 물고기와 물과의 관계처럼 밀접한 사이가 아니었다면, 어떻게 이러한 일이 일어날 수 있었겠는가?

지금 우리 전하께서는 거짓이 없는 참된 마음으로 재상에 위임하였는데, 삼사공(三司公)〔정도전〕은 천인(天人)과 같은 뛰어난 학문과 경국제세(經國濟世)의 재주를 가지고 왕업의 바탕을 도와서 성취시켜 놓았으며, 씩씩하고 힘 있는 문장을 종횡으로 구사하여 큰 법전(法典)을 능히 이루어 놓았으니, 이것은 비단 전하께서 을람(乙覽)하는 데에만 도움이 될 뿐만 아니라, 또한 자손 만세를 위한 귀감이 될 것이다. 아아! 이 얼마나 지극한 일인가! 그러나 만약 이것을 형식적인 법문으로만 보아 버린다면, 책은 책대로 있고, 사람은 사람대로 있어서 책이 제 구실을 다하지 못하게 될 것이니 치도(治道)에 무슨 도움이 되겠는가? 자사(子思)는 《중용(中庸)》을 지을 적에 구경(九經)을 설명하여 말하기를, “행해야 할 것은 하나뿐이다. 그 하나란 무엇인가? 그것은 성(誠)이다”고 하였다. 신(臣)도 이 책에서 같은 말을 하고 싶다.

홍무(洪武) 28년 을해(乙亥) 3월 중순(中旬)

순충좌명개국공신 자헌대부 예문춘추관태학사 동판도평의사사사 세자우빈객 서원군 신 정총(純忠佐命開國功臣, 資憲大夫, 藝文春秋館太學士, 同判都評議使司事, 世子右賓客, 西原君 臣 鄭摠)이 삼가 서문(序文)을 씀.

六典之作 尙矣 若稽周禮 一曰治典 以經邦國 以治官府 以紀萬民 二曰教典 以安邦國 以教官府 以擾萬民 三曰禮典 以和邦國 以統百官 以諧萬民 四曰政典 以平邦國 以正百官 以均萬民 五曰刑典 以詰邦國 以刑百官 以糾萬民 六曰事典 以富邦國 以任百官 以生萬民 治則吏也 教則戶也 政則兵也 事則工也 自古以來 天下國家之治亂興亡 昭然可考 其所以治且興者 以明夫六典也 其所以亂且亡者 以昧於六典也 高麗氏之季 政教陵夷 紀綱頹敗 所謂六典者 名存實亡 有志之士 扼腕歎息者久矣 亂極復治 理之必然 惟我殿下 應天順人 除殘去暴 乃革舊弊 一新教化 以時考績 黜陟幽明而治典明矣 輕徭薄賦 休養生民 而教典明矣 車服有章 上下有別 則禮典可謂明矣 克詰戎兵 折衝禦侮 則政典可謂明矣 議獄得情 民無冤抑 刑典 不可謂不明也 允釐百工以熙庶績 事典 不可謂不明也 於是判三司事奉化伯臣鄭道傳 作爲一書 名之曰經國典 以獻殿下 宸心是悅 付諸有司 藏之金匱 爰命臣摠 序其編端 臣摠竊伏惟念 一代之興 必有一代之制作 苟非明良相得 有同魚水 則何以臻此焉 今我殿下 推赤心 委任宰相 而三司公 以天人之學 經濟之才 贊襄丕基 馳騁雄文 克成大典 非唯補於殿下乙夜之覽 且爲子孫萬世之龜鑑也 於戲其至矣乎 若視爲文具 則書自書人自人矣 何益於治道哉 子思之作中庸也 論九經曰 其所以行之者一也 一者何 謂誠也 臣於是書 亦以此言焉 洪武二十八年乙亥三月中澣 純忠佐命開國功臣 資憲大夫藝文春秋館大學士 同判都評議使司事 世子右賓客 西原君臣鄭摠 謹序

조선경국전

개정판 발행 | 2014년 3월 17일
펴낸이 | 홍정욱
기획 · 편집 | 이상민 김지훈
편집디자인 | 황인정
펴낸곳 | 사단법인 올재
출판등록 | 2011년 11월 4일 제300-2011-188호
주소 | 서울특별시 종로구 삼청로7길 38
전화 | 02-720-8278
팩스 | 02-773-0250
홈페이지 | www.olje.or.kr
ISBN | 978-89-97876-41-9